中国神话研究初探

茅 盾 著

青海人民出版社

图书在版编目（ＣＩＰ）数据

中国神话研究初探 / 茅盾著 . –– 西宁 : 青海人民
出版社 , 2021.7
ISBN 978-7-225-06182-5

Ⅰ . ①中… Ⅱ . ①茅… Ⅲ . ①神话—研究—中国
Ⅳ . ① B932.2

中国版本图书馆 CIP 数据核字（2021）第 129388 号

中国神话研究初探

茅 盾 著

出 版 人　樊原成
出版发行　青海人民出版社有限责任公司
　　　　　西宁市五四西路 71 号　邮政编码：810023　电话：（0971）6143426（总编室）
发行热线　（0971）6143516 / 6137730
网　　址　http://www.qhrmcbs.com
印　　刷　青海雅丰彩色印刷有限责任公司
经　　销　新华书店
开　　本　890 mm×1240 mm　　1/32
印　　张　5.75
字　　数　150 千
版　　次　2021 年 10 月第 1 版　2021 年 10 月第 1 次印刷
书　　号　ISBN 978-7-225-06182-5
定　　价　32.00 元

序

　　一、这本书是企图在中国神话领域内作一次大胆的探险。同类性质的书，中国文的还没有过，东西文的，则以作者所知，也还是没有专书，法国 de Harlez 有《山海经》的翻译，然而专关于中国神话的著作，似乎还没有。英文中有一本《中国神话及传说》（详见本书篇末参考用书内所论），可是荒谬得很。所以此编之作，实在是"开荒"的性质，因而也只是"绪论"的性质。

　　二、作者对于神话学的研究，自然不敢说有怎样的精到；所以此编之不能完美，自不待言。但作者并不忘记在此编的著作时，处处用人类学的神话解释法以权衡中国古籍里的神话材料。

三、有许多意见是作者新创的，如言帝俊、羿、禹这一章，又如第六章对于《大司命》《少司命》《山鬼》等篇的解释。还有解释蚩尤为巨人族之一，黄帝与蚩尤的战争就是巨人族与神之战争；夸父与夸娥即一；"终北""华胥"之为中部人民的宇宙观；凡此一切创见，作者只凭推论，并不曾多找书本上的考据。但也不是以为无须多考据，无非因为客中无书，只好作罢。如得海内同志替这些臆说再多找些书本子的证据，自然很欢迎的。

四、作者相信《山海经》的神话价值很高，所以本编有时信任《山海经》的地方还比信任《楚辞》及其他书籍（如《淮南》）为较多。汉以后的作者的神话材料（如《搜神记》《述异记》等书所载），有时也引用，但只作为一神话流传后经增饰修改后的最终式，或是一神话的演化的过程而已。

五、后世方士道教神仙之说兴起后的奇诞之谈，自然离原始神话的面目太远，但有时也引用，如述西王母神话时引《汉武内传》，月的神话引《龙城录》，这也无非表示一神话到了后来如何的被方士道教化而已。并不以此作为该神话的最终点。

六、作者对于自己的引用书籍的时代的意见，及该书在神话上的价值，都在篇末的"参考用书"内有些说明。

七、这本书一则是草创，二则是绪论性质，所以中间对于各种材料的解释、分析和征引，都只是视叙述之方便而定，并不是把中国神话来巨细无遗地做系统的叙述。我希望另有人来做这个工作。自己倘若时间容许，或者看书方便，也想试作较大的企图。将来或者也可以呈教。只是人事变幻，不知道有没有这等时间。

八、本书在客中仓卒属稿，手头没有应参考的书，虽然有几个朋友借给些书，到底不足，所以错记及失检之处，或许难免，要请读者原谅。几位热心的朋友，或是借给书，或是替查一二条，都是很感激，可是也不噜苏记下名字来了。

一九二八、十、二〇，作者于日本东京

目 录

第一章　几个根本问题

　　"神话"这名词，中国向来是没有的。但神话的材料——虽然只是些片段的材料——却散见于古籍甚多，并且成为中国古代文学中的色彩鲜艳的部分。自两汉以来，曾有许多学者钻研这一部分的奇怪的材料，然而始终没有正确的解答。此可以他们对于那包含神话材料最多的《山海经》一书的意见为例证。班固依《七略》作《汉书·艺文志》，把《山海经》列在形法家之首（形法者，大举九州之势，以立城郭室舍形；六家，百二十二卷）。东汉明帝时，王景当治水之任，明帝赐景以《山海经》《河渠书》《禹贡图》，可知《山海经》在当时被视为实用的地理书了。王充这位有眼光的思想家也说："禹主治水，益主记异物，海外山表，无远不至，以所闻见，作《山海经》，董仲舒睹重常之鸟，刘子政晓贰负之尸，皆见《山海经》，故立二事之说。使禹、益行地不远，不能作《山海经》；董、刘不读《山海经》，不能定二疑。"（见《论衡·别通篇》）又说："按禹之《山经》，《淮南》之《地形》，以察邹子（衍）之书，虚妄之言也。"（见《论衡·谈天篇》）这又可见王充也把《山海经》视为实用的地理书"方物志"，而且是禹、益实地观察的记录了。《汉志》以后，《隋书·经籍志》（第七世纪）亦以《山海经》冠于"地理类"之首。（《隋志》："汉初，萧何得秦图书，故知天下之要害，后又得《山海经》，相传以为夏禹所记。"）自《汉志》以至《隋志》，中间五百多年，对于《山海经》的观念没有变更。自《隋志》以后又三百余年，五代末刘昫撰《旧唐书·经籍志》亦以《山海经》入"地理类"，其后北宋欧阳修撰《新唐书·艺文志》，南宋王尧臣撰《崇文总目》，皆因依旧说。便是那时候对于《山海经》颇肯研究的尤袤，他的《遂初堂书目》（今在《说郛》中）也是把《山海经》放在"地理类"的。大胆怀疑《山海经》不是地理书的，似乎明代的胡应麟可算是第一人。他说："《山海经》：古今语怪之祖。……余尝疑战国好奇之士本《穆天子传》之文与事，而侈大博极之，杂傅以《汲冢》《纪年》之异闻，《周书》《王会》之诡物，《离骚》《天问》之遄旨，《南华》郑圃之寓言，以成此书。"又说："始余读《山海经》而疑其本《穆天子传》，杂录《离骚》《庄》《列》，傅会以成者，然以出于先秦，未敢自信。逮读《楚辞辩证》云：'古今说《天问》者，皆本《山海经》《淮南子》，今以文意考之，疑此二书，皆缘《天问》而作。'则紫阳已先得矣。"（皆见《少室山房笔丛》）胡应麟说《山海经》是古今语怪之祖"，是他的灼见。他推翻了自汉以

2

来对于此书之成见，然而尚不能确实说出此书之性质，他不曾明言这是一部"小说"（中国的广义的用法），清代修《四库全书》，方始正式将《山海经》放在子部小说家类了。这一段《山海经》的故事，就代表了汉至清的许多学者对于旧籍中的神话材料的看法。他们把《山海经》看作实用的地理书，固然不对，他们把《山海经》视为小说，也不算对。他们不知道这特种的东西所谓"神话"者，原来是初民的知识的积累，其中有初民的宇宙观，宗教思想，道德标准，民族历史最初期的传说，并对于自然界的认识等等。

据最近的神话研究的结论，各民族的神话是各民族在上古时代（或原始时代）的生活和思想的产物。神话所述者，是"神们的行事"，但是这些"神们"不是凭空跳出来的，而是原始人民的生活状况和心理状况之必然的产物。原始人民的心理，有可举之特点六：一为相信万物皆有生命，思想，情绪，与人类一般；此即所谓泛灵论（Animism）。二为魔术的迷信，以为人可变兽，曾亦可变为人，而风雨雷电晦冥亦可用魔术以招致。三为相信人死后魂离躯壳，仍有知觉，且存在于别一世界（幽冥世界），衣食作息，与生前无异。四为相信鬼可附丽于有生或无生的物类，灵魂亦常能脱离躯壳，变为鸟或兽而自行其是。五为相信人类本可不死，所以死者乃是受了仇人的暗算（此惟少数原始民族则然）。六为好奇心非常强烈，见了自然现象（风雷雨雪等等）以及生死睡梦等事都觉得奇怪，渴求其解答。（Andrew Lang：Myth, Ritus and Religion，P.48–52）原始人本此蒙昧思想，加以强烈的好奇心，务要探索宇宙间万物的秘奥，结果则为创造种种荒诞的故事以代合理的解释，同时并深信其真确：此即今日我们所见的神话。

现代的文明民族和野蛮民族一样的有它们各自的神话。野蛮民族的神话尚为原始的形式，文明民族的神话则已颇美丽，成为文学的泉源。这并不是文明民族的神话自始即如此美丽，乃是该民族渐进文明后经过无数诗人的修改藻饰，乃始有今日的形式。这些古代诗人的努力，一方面固使朴陋的原始形式的神话变为诡丽多姿，一方面却也使得神话历史化或哲学化，甚至脱离了神话的范畴而成为古代史与哲学的一部分。这在神话的发挥光大和保存上，不能不说是"厄运"。中国神话就是受了此"厄运"而至于散亡，仅存断片了。

就中国现存的古籍而搜集中国神话，我们不能不说中国民族确曾产生过伟大美丽的神话。为什么我们的神话不能全部保存而仅余零星的片断呢？鲁迅在《中国小说史略》内说："中国神话之所以仅存零星者，说者谓有二故：一者华土之民，先居黄河流域，颇乏天惠，其生也勤，故重实际而黜玄想，不更能集古传以成大文。二者，孔子出，以修身齐家治国平天下等实用为教，不欲言鬼神，太古荒唐之说，俱为儒者所不道，故其后不特无所光大，而又有散亡。然详案之，其故殆尤在神鬼之不别。天神地祇人鬼，古者虽若有辨，而人鬼亦得为神祇。人神淆杂，则原始信仰无由蜕尽；原始信仰存则类于传说之言日出而不已，而旧有者于是僵死，新出者亦更无光焰也。"胡适在《白话文学史》内说："故事诗（Epic）在中国起来的很迟，这是世界文学史上一个很少见的现象。要解释这个现象，却也不容易。我想，也许是中国古代

4

民族的文学确是仅有风谣与祀神歌，而没有长篇的故事诗，也许是古代本有故事诗，而因为文字的困难，不曾有纪录，故不得流传于后代；所流传的仅有短篇的抒情诗。这二说之中，我却倾向于前一说。'三百篇'中如《大雅》之《生民》，如《商颂》之《玄鸟》，都是很可以作故事诗的题目，然而终于没有故事诗出来。可见古代的中国民族是一种朴实而不富于想象力的民族。他们生在温带与寒带之间，天然的供给远没有南方民族的丰厚，他们须要时时对天然奋斗，不能像热带民族那样懒洋洋地睡在棕榈树下白日见鬼，白昼做梦。所以'三百篇'里竟没有神话的遗迹。所有的一点点神话如《生民》《玄鸟》的'感生'故事，其中人物不过是祖宗与上帝而已（《商颂》作于周时，《玄鸟》的神话似是受了姜嫄故事的影响以后仿作的）。所以我们很可以说中国古代民族没有故事诗，仅有简单的祀神歌与风谣而已。后来中国文化的疆域渐渐扩大了，南方民族的文学渐渐变成了中国文学的一部分。试把《周南》《召南》的诗和《楚辞》比较，我们便可以看出汝汉之间的文学和湘沅之间的文学大不相同，便可以看出疆域越往南，文学越带有神话的分子与想象的能力。我们看《离骚》里的许多神的名字——羲和、望舒等——便可以知道南方民族曾有不少的神话。至于这些神话是否取故事诗的形式，这一层我们却无法考证了。"（《白话文学史》页七五至七六）

据胡先生的意见，则古代中国民族因为"生长在温带与寒带之间，天然的供给远没有南方民族的丰厚，他们须要时时对天然奋斗，不能像热带民族那样懒洋洋地睡在棕榈树下白日见鬼，白昼做梦。所以'三百篇'里竟没有神话的遗迹"。但是我觉得只就"三百篇"以论定中国古代（北方）民族之没有神话，证据未免薄弱了些罢？为什么呢？因为"三百篇"是孔子删定的，而孔子则不欲言鬼神。况且"时时要对天然奋斗"的北方民族也可以创造丰富的神话，例如北欧民族。因为自然环境的不同，北欧的神话和南欧希腊的神话，色彩大异，这是事实。"神话是信仰的产物，而信仰又是经验的产物。人类的经验不能到处一律，而他们所见的地形与气候，也不能到处一律。有些民族，早进于农业文化时代，于是他们的神话就呈现了农业社会的色彩……但是同时的山居而以游牧为生的民族，却因经验不同，故而有了极不同的神话。"（Mackenzie's Myths of Crete and Pre-Hellentic Europe：Introduction，P.23-24）可见地形和气候只能影响到神话的色彩，却不能掩没一民族在神话时代的创造冲动。现在世界上文化程度极低的野蛮民族如南非洲的布西曼（Bushmen）族，只会采掘植物的块根，打些小鸟小兽过生活，又如奥伐赫莱罗（Ovaherero）族，尚在游牧时代，他们都在热带，不必时时和天然苦斗，他们很可以懒洋洋地睡在棕榈树下白日见鬼，白昼做梦，然而他们也只有绝简陋的神话。中国古代（北方）民族之曾有丰富的神话，大概是无疑的（下面还要详论）；问题是这些神话何以到战国时就好像歇灭了。"颇乏天惠，其生也勤。"不是神话销歇的原因，已经从北欧神话可得一证明，而孔子的"实用为教"，在战国时亦未有绝对的权威，则又已不像是北方神话的致命伤。所以中国北部神话之早就销歇，一定另有其原因。据我个人的意见，原因有二：一为神话的历史化，二为当时社会上没有激动全民族心灵的大事件以诱引"神代诗人"的产生。神话的历史化，固然也保存了相当的神话；但神话的历史化太早，便容易使得神话僵死。中国北部的神话，大概在商周之交已经历史化得很完备，神话的色彩大半褪落，只剩了《生民》《玄鸟》的"感生"故事。至于诱引"神代诗人"产生的大事件，在武王伐纣以后，便似乎没有。穆王西征，一定是当时激动全民族心灵的大事件，所以后来就有了"神话"的《穆天子传》。自武王以至平王东迁，中国北方人民过的是"散文"的生活，不是"史诗"的生活，民间流传的原始时代的神话得不到新刺激以为光大之资，结果自然是渐就僵死。到了春秋战国，社会生活已经是写实主义的，离神话时代太远了，而当时的战乱又迫人"重实际而黜玄想"，以此北方诸子争鸣，而皆不言及神话。然而被历史化了的一部分神话，到底还保存着。直到西汉儒术大盛以后，民间的口头的神话之和古史有关者，尚被文人采录了去，成为现在我们所见的关于女娲氏及蚩尤的神话的断片了。

从上文的论证而观，中国北部民族曾有神话，大概可以置信了。现在我们就可以看一看现有的中国神话的断片内，何者是可以算是北部民族的产物。《淮南子·览冥训》云：

> 往古之时，四极废，九州裂，天不兼覆，地不周载；火爁炎而不灭，水浩洋而不息；猛兽食颛民，鸷鸟攫老弱。于是女娲炼五色石以补苍天，断鳌足以立四极（高诱注：天废顿，以鳌足柱之），杀黑龙以济冀州，积芦灰以止淫水；苍天补，四极正，淫水涸，冀州平，狡虫死，颛民生。

这一段可说是中国的洪水神话的片断。北欧神话说神奥定（Odin）杀死了冰巨人伊密尔以后，将他的头盖骨造成了天，又使四个最强壮的矮人（在北欧神话内有矮人，与神同时存在，居于地下穴，善工艺）立于地之四角，撑住了天，不让天崩坠下来。这里所说北欧神话的四个矮人撑住了天，把天看成了青石板一样的东西，和我们的女娲炼五色石补天，断鳌足为柱，撑住了天，实在是很有趣味的巧合。北方民族大概是多见沉重的阴暗的天空，所以容易想象天是一块石板。这是从自然现象的关系上推测"女娲补天"之说大概是北方的神话。再看《淮南子·天文训》又有这样一段话：

> 昔者共工与颛顼争为帝，怒而触不周之山（高诱注：不周山在西北），天柱折，地维绝；天倾西北，故日月星辰就焉，地不满东南，故水潦尘埃归焉。

这里所说共工氏的破坏工作，大概是在女娲补天立柱以后；从《列子·汤问》里的一条同性质的记载，我们更可以明白：

> 故昔者女娲氏炼五色石以补其（天）阙，断鳌之足，以立四极。其后共工氏与颛顼争为帝，怒而触不周之山，折天柱，绝地维，故天倾西北，日月星辰就焉；地不满东南，故百川水潦归焉。

补《史记》的《三皇本纪》却有很不相同的记载：

> 诸侯有共工氏，任智刑，以强霸而不王，以水垂
> 木，乃与祝融战，不胜而怒，乃头触不周山，崩。天
> 柱折，地维缺。女娲乃炼五色石以补天，断鳌足以立
> 四极，聚芦灰以止滔水，以济冀州。于是地平天成，
> 不改旧物。

把女娲补天作为共工氏折断天柱以后的事，未见他书，所以《三皇本纪》云云，显然是修改了传说，然而修改得太坏了。《淮南子》成书较早，所据旧说，自然较为可靠。所谓"天倾西北……地不满东南"，正是北方人民对于宇宙形状的看法；由此也可想象女娲的神话大概是发生在北部了。

我们再看《楚辞》内有没有说到女娲及共工氏。《离骚》中有"路不周以左转兮"一句，并未说到女娲。《天问》里既言"女娲有体，孰制匠之？"又言"康回凭怒，墬何故以东南倾？""八柱何当？东南何亏？"康回是共工之名，"墬"训"地"，所以"康回凭怒"及"八柱何当"等句大概就是指共工氏头触不周山以至天倾西北，地不满东南而言。但是可注意的是屈原未言及女娲补天之事。屈原是长江流域即中国中部的人，他很熟习并且喜欢神话，如果中部民间也有女娲补天的神话，则屈原文中未必竟会忘记了引用。然而竟没有，即此便可想见那时楚与北方诸国虽交通频繁，而北方的神话尚未全部流传到南方的楚国。这又是女娲神话源出北方的一个旁证了。

《列子·汤问》的北山愚公移山的故事，也显然是曾经修改过的北方神话的片段。原文如下：

太行、王屋二山，方七百里，高万仞，本在冀州之南，河阳之北。北山愚公者，年且九十，面山而居，惩山北之塞，出入之迂也，聚室而谋曰："吾与汝毕力平险，指通豫南，达于汉阴；可乎？"杂然相许。其妻献疑曰："以君之力，曾不能损魁父（谓小山）之丘，如太行、王屋何？且焉置土石？"杂曰："投诸渤海之尾，隐土之北。"遂率子孙，荷担者三夫，叩石垦壤，箕畚运于渤海之尾。邻人京城氏之孀妻，有遗男始龀，跳往助之。寒暑易节，始一反焉。河曲智叟笑而止之曰："甚矣，汝之不惠！以残年余力，曾不能毁山之一毛，其如土石何！"北山愚公长息曰："汝心之固，固不可彻，曾不若孀妻弱子！虽我之死，有子存焉；子又生孙，孙又生子，子又有子，子又有孙，子子孙孙，无穷匮也，而山不加增，何苦而不平？"河曲智叟无以应。操蛇之神闻之，惧其不已也，告之于帝；帝感其诚，命夸娥氏二子负二山，一厝朔东，一厝雍南，自此冀之南，汉之阴，无垄断焉。

这是一段很有哲学意味的神话，主要目的在说明太行、王屋二山之方位之所以然。二山既在北部，所以此神话亦显然是北部的产物。愚公和智叟或者本是"半神半人"的人物，伪造《列子》的人加以最后的修改，成了现在的形式，便很像一个"寓言"了。

再看黄帝讨伐蚩尤的神话。先秦的书，常常说到蚩尤，例如《管子》云"蚩尤受卢山之金而作五兵"。《山海经》十七云："蚩尤作兵伐黄帝。黄帝乃命应龙攻之冀州之野。应龙畜水，蚩尤请风伯雨师，纵大风雨。黄帝乃下天女曰魃。雨止，遂杀蚩尤。魃不得复上，所居不雨。叔均言之帝，后置之赤水之北。"《史记》亦载黄帝与蚩尤战于涿鹿之野，但已完全剥落了神话的性质而成为历史了。太史公抉择史料的态度，素来是严格的，他既然采取了蚩尤的传说，可知这是当时极盛行的传说。黄帝是中国古代（北方）民族的一个半神性的皇帝，——或者竟可以说是全属神话，而涿鹿又是北方，所以我们很可以说蚩尤的神话是产生于北部。屈原的《离骚》和《天问》屡言及"鲧、禹、启、羿"，也说到共工和女娲，但是没有黄帝和蚩尤，这又是一个旁证，使我们相信黄帝和蚩尤的神话不但产生于北方，而且在屈原的时代尚未盛行于中部的长江流域。

上文引过胡适对于中国神话的意见，现在我要从胡先生的议论中再提出一点来作为研究的端绪。胡先生说："后来中国文化的疆域渐渐扩大了，南方民族的文学渐渐变成了中国文学的一部分。试把《周南》《召南》的诗和《楚辞》比较，我们便可以看出汝汉之间的文学和湘沅之间的文学大不相同，便可以看出疆域越往南，文学越带有神话的分子和想象的能力。我们看《离骚》里的许多神的名字——羲和、望舒等——便可以知道南方民族曾有不少的神话。"（《白话文学史》页七六）是的，南方民族曾有不少的神话，靠《楚辞》而保存至今。但是我们也可以说，若就秦汉之间的时代而言，《楚辞》确可算是南方民族的文学，因而《楚辞》内的神话也可以称为"南方民族"的神话。然而若就现有的中国神话的全体而观，则《楚辞》内的神话只能算是"中部民族"

或沅湘文化的产物；因为后来有"更南方"的民族的神话也变成了中国文学或神话的一部分了。对于这一点，我们在下节内再来详细讨论。现在先须问《楚辞》内的神话是否真正中部民族的产物，或竟是北部民族所造而流传至于沅湘流域？自然我们也承认《楚辞》有不少北部的神话，例如上节所举北部神话亦有见于《天问》者；可是中部民族（姑且说楚是代表）有它自己的神话，却也是不可否认的事实。我们不能因为"汝汉之间的文学"没有神话分子而断定只有南方民族的神话，也不能因为《楚辞》中有些神话是属于北方民族的信仰观察而遂谓都从北方流传来。

中部民族的楚国确有它自己的神话，可从王逸的《天问》叙见之。王逸说："屈原放逐，忧心愁悴，彷徨山泽，经历陵陆，嗟号昊旻，仰天叹息；见楚有先王之庙及公卿祠堂，图画天地山川神灵，琦玮僪佹，及古贤圣怪物行事。周流罢倦，休息其下，仰见图画，因书其壁，呵而问之，以渫愤懑，舒泻愁思。楚人哀惜屈原，因共论述，故其文义不次序云尔。"

王逸这一番话，有些是不可信的，譬如他说"周流罢倦，休息其下，仰见图画，因书其壁"，全出附会。屈原的时代，书写的工具尚甚繁重，书壁这事，很不方便。但他说"楚有先王之庙及公卿祠堂，图画天地山川神灵，琦玮僪佹，及古贤圣怪物行事"，大概可信。这些"天地山川神灵"，"古贤圣怪物行事"，便是神话的材料。我们知道希腊古代的神庙及公共建筑上大都雕刻着神话的事迹；我们又知道现在所有的古埃及神话大部得之于金字塔刻文，及埃及皇帝陵墓寝宫的石壁的刻文，或是贵族所葬的"岩壁墓道"石壁上的刻文。可知在古代尚有神话流行于口头的时候，"先王之庙"和"公卿祠堂"的墙壁上图画些神话的事迹，原是寻常的事。这些神话当然是本地的出产而非外来货品。《天问》中言及"昆仑"，言及"鳌戴山抃"，言及"羲和"，言及禹化熊而涂山女化石的神话，大概都是楚民族即中部民族自己的神话。

然而最足表现温带地方的中部民族对于自然现象的想象力的，是《楚辞》中《九歌》的几首。王逸谓"昔楚国南郢之邑，沅湘之间，其俗信鬼而好祠，其祠必作歌乐鼓舞以乐诸神。屈原放逐，窜伏其域，怀忧苦毒，愁思沸郁，出见俗人祭祀之礼，歌舞之乐，其词鄙陋，因为作《九歌》之曲"。可知《九歌》是当时民间的祀神歌而经屈原修饰改作的。古代人民的祀神歌大都是叙述神之行事，所以也就是神话。《九歌》中的《东君》是祀太阳神之歌，其词曰：

暾将出兮东方，照吾槛兮扶桑，抚余马兮安驱，夜皎皎兮既明。驾龙辀兮乘雷，载云旗兮委蛇……青云衣兮白霓裳，举长矢兮射天狼，操余弧兮反沦降，援北斗兮酌桂浆，撰余辔兮高驰翔，杳冥冥兮以东行。

这是说太阳神青衣白裙，乘雷车而行，举长矢射天狼；长矢自是象征太阳的光线，而天狼也许是象征阴霾的云雾。把太阳神想象成如此光明俊伟的，原不限于温带地方的人民；但是《楚辞》是中部的楚民俗的产物，所以我们很可以认《东君》的太阳神话是属于中部民族的。又如《山鬼》一篇云：

> 若有人兮山之阿，被薛荔兮带女萝，既含睇兮又
> 宜笑，子慕予兮善窈窕；乘赤豹兮从文狸，辛夷车兮结
> 桂旗。被石兰兮带杜衡，折芳馨兮遗所思。

我们看这《山鬼》是多么窈窕妩媚！王逸注谓："《庄子》曰，山有夔，《淮南》曰，山出噪阳。楚人所祠，岂此类乎？"自然不是的。我以为这所谓"山鬼"大概相当于希腊神话中的 Nymphe（义为"新妇"），是山林水泉的女神；在希腊神话中，她们有许多恋爱故事。我们的"山鬼"也是不免于恋爱的，所以她要"折芳馨兮遗所思"，要"怨公子兮怅忘归"，要"思公子兮徒离忧"了。《山鬼》所描写的自然境界，所表现的情绪，都是中部湘沅之间的，所以是真正的中部民族神话。

我以为《九歌》的最初形式大概很铺叙了一些神们的恋爱故事。譬如《大司命》是"运命神"的神话，而《少司命》便像是司恋爱的女神的神话。（此在下面第六章尚要详论。）自来的解释《楚辞》者都以为是屈原思君之作，便弄得格格难通了。"巫山神女"的传说，在当时一定也是洋洋大观，可惜现在我们只能在宋玉的《高唐赋》里找得一些片段了。

如果我们承认了上述的对于中国神话的北部中部的分法是可以成立的，那么，我们自然而然会发生了另一问题：即南方民族是否也在大中国的神话系统内加进一些材料。我们的回答是"有的"。但在探讨此问题以前，让我们先来注意另一问题，即两汉以前的古籍中没有一些关于天地创造的神话。女娲补天的神话，显然是天地创造以后的事；有许多民族的神话都说到天地创造以

后复有一度的破坏，然后由神再行修补，"重整乾坤"；此在希腊神话为"洪水"，在北欧神话为 Ragnarok（神的劫难）。中国的北部人民大概也有类乎北欧的 Ragnarok 的神话，而女娲补天即其尾声。既有再造宇宙的神话，应该也有始辟天地的神话。然而先秦之书如《山海经》和《楚辞》，西汉的书如《淮南子》，都没有"开辟天地"的神话的影踪。《天问》起首言"邃古之初，谁传道之？上下未形，何由考之？冥昭瞢暗，谁能极之？……圜则九重，孰营度之？惟兹何功，孰初作之？"并无一言说到天地的创造。就今所知，天地开辟的神话始见于三国时吴国徐整的《五运历年纪》：

> 首生盘古，垂死化身，气成风云，声为雷霆。左眼为日，右眼为月，四肢五体为四极五岳，血液为江河，筋脉为地理，肌肉为田土，发髭为星辰，皮毛为草木，齿骨为金玉，精髓为珠石，汗流为雨泽；身之诸虫，因风所感，化为黎甿。

又据《太平御览》七八所引徐整的《三五历纪》(言三王五帝之史，故曰《三五历纪》) 的逸文则谓：

> 天地混沌如鸡子，盘古生其中；万八千岁，天地开辟，阳清为天，阴浊为地；盘古在其中，一日九变，神于天，圣于地。天日高一丈，地日厚一丈，盘古日长一丈。如此万八千岁，天数极高，地数极深，盘古

极长，后乃有三皇。

把这两段话合起来，便是开辟天地的神话。徐整是吴人，大概这盘古开辟天地的神话当时就流行在南方（假定是两粤），到三国时始传播到东南的吴。如果这是北部和中部本有的神话，则秦汉之书不应毫无说及；又假定是南方两粤地方的神话，则汉文以后始通南粤，到三国时有神话流传到吴越，似乎也在情理之中。（汉时与南方交通大开，征伐苗蛮，次数最多；因战争而有交通，因此南方的神话传说也流传过来了。）后来的《述异记》云：

> 盘古氏，天地万物之祖也，然则生物始于盘古。
>
> 昔盘古之死也：头为四岳，目为日月，脂膏为江海，毛发为草木。秦汉间俗说：盘古头为东岳，腹为中岳，左臂为南岳，右臂为西岳。先儒说：泣为江河，气为风，声为雷，目瞳为电。古说：喜为晴，怒为阴。吴楚间说：盘古氏夫妻，阴阳之始也。今南海有盘古氏墓，亘三百余里，俗云后人追葬盘古之魂也。

《述异记》旧题梁任昉撰，但和《列子》一样，是后人剽窃诸小说而伪托任昉（依《四库全书提要》的论断），它的价值，很可怀疑；所以这一条关于盘古的记事的“秦汉间俗说”一语，也未必可靠，不能据以证明秦汉间已有盘古的传说。反之，《述异记》说“南海有盘古氏墓”，而《路史》注则谓“湘乡有盘古保，云都有盘古祠，荆湖南北，以十月六日为盘古生日；《元丰九域志》：广陵有盘古家庙"，也帮助我们想象盘古的神话本产生于南方而后渐渐北行的。

现在我们可以作一个结论了。现存的中国神话只是全体中之小部，而且片断不复成系统；然此片断的材料亦非一地所产生，如上说，可分为北中南三部；或者此北中南三部的神话本来都是很美丽伟大，各自成为独立的系统，但不幸均以各种原因而歇灭，至今三者都存了断片，并且三者合起来而成的中国神话也还是不成系统，只是片段而已。

就我们现有的神话而分别其北中南部的成分，可说是南方的保存得最少，北部的次之，中部的最多。南部神话现惟盘古氏的故事以历史形式被保存着。（即以盘古氏神话而言，亦惟徐整之说为可信，《述异记》是伪书，关于盘古一条，臆加之处很显明。）然而我们猜想起来，已经创造了盘古开辟天地之神话的岭南民族一定还有其他许多神话。这些神话，因为没有文人采用，便自然而然的枯死。和南方的交通，盛于汉代，那时中国本来的（汉族的）文化已经到了相当的高度，鄙视邻近的小民族，南方的神话当然亦不为重视，虽然民间也许流传，但随即混入土著的原始信仰中，渐渐改变了外形，终于化成莫名其妙的迷信的习俗，完全失却了神话的意义了。

第二章　保存与修改

　　原始人因有强烈的好奇心与原始迷信，发动了创造神话的冲动；这是上文已经讲过的了。神话既创造后，就依附着原始信仰的宗教仪式而保存下来，且时时有自然的修改和增饰。那时文字未兴，神话的传布全恃口诵，而祭神的巫祝当此重任。后来文化更进，于是弦歌诗人取神话材料入诗（这些弦歌诗人实在是私家乐工，专取当时流行的神话编为乐曲，用以为祭神时颂扬神的功德，飨宴时成礼侑觞，吉凶礼时表白祷祝与哀思，个人或群众集会时歌以娱乐），神庙及皇帝陵墓的建筑家又在石壁上栋柱上雕刻了或绘画了神话的事迹。希腊的神话大都由弦歌诗人保存下来，而古埃及及北欧的神话大都由庙堂的雕刻铭识。

　　弦歌诗人转述神话时，往往喜欢加些新意思上去；这使得朴野的神话美丽奇诡起来了。后来的悲剧家更喜欢修改神话的内容，合意者增饰之，不合者删去，于是怪诞不合理的神话又合理起来了。所以保存神话者一方亦修改了神话。在希腊，这是很显明的事，希腊的悲剧家幼里披底（Euripides）及喜剧家色诺芬（Xenophon）都明言修改神话使合于"理"。弦歌诗人施蒙尼迪（Simonides）和品得（Pindar）也自承对于传诵的神们的故事已经有了修改。

最后来了历史家。这些原始的历史家（例如希腊的希洛道忒司）把神话里的神们都算作古代的帝皇，把那些神话当作历史抄了下来，所以他们也保存神话。他们抄录的时候，说不定也要随手改动几处，然而想来大概不至于很失原样。可是原始的历史家以后来了半开明的历史家，他们却捧着这些由神话转变来的史料皱眉头了。他们便放手删削修改，结果成了他们看来是尚可示人的历史，但实际上既非真历史，也并且失去了真神话。所以他们只是修改神话，只是消灭神话。中国神话之大部恐是这样的被"秉笔"的"太史公"消灭了去了。

中国神话在当时究曾经过何等人的采用，已经不可深考。但我们可以相信当神话尚在民间口头活着的时候，一定有许多人采之入书，历史家采入了历史，那是无疑的；而且也是中国神话最初被采录。历史家以前有没有祭神的巫祝，弦歌的诗人，曾和神话发生关系，那也是不可考了。我们现在只知直到战国——那时离神话时代至少有三千年——方才有两种人把当时尚活在民间口头的神话摭采了一些去。这两种人一是哲学家，二是文学家。（史家如左丘明也好引用神话传说，然而在他以前的史官早就把大批神话历史化而且大加删削，所以禹、羿、尧、舜，早已成为确实的历史人物，因此左丘明只能拾些小玩意，例如说尧殛鲧于羽山，其神化为黄熊，以入于羽渊。）哲学家方面，《庄子》和《韩非子》都有神话的断片，尤以《庄子》为多。今本的《庄子》已非原形，外篇和杂篇，佚亡的很多。所以保存着的神话材料如鲲鹏之变，蜗角之争，藐姑射的仙人，十日并出等，已经不很像神话，或者太零碎。然据陆德明《庄子释文序》则谓《庄子》杂篇内的文章多似《山海经》，或类占梦书，因其驳杂，不为后人重视，故多佚亡。又郭璞注《山海经》，则常引《庄子》为参证。可知《庄子》杂篇的文字很含有神话分子，或竟是庄子的门人取当时民间流传的神话托为庄子所作而归之于杂篇。《列子》虽是伪书，然至少可信是晋人所作；此书在哲学上无多价值，但在中国神话上却不容抹杀；如太行王屋的神话，龙伯大人之国，终北的仙乡，都是很重要的神话材料。也都是被视为哲学而保存下来的。文学家采用神话，不能不推屈原为首。《离骚》和《九歌》保存了最有风趣的神话；《天问》亦包含了不少神话的片断，继屈原的宋玉亦采用神话；"巫山神女"的传说和冥土的守门者"土伯"的神话，都是宋玉保存下来的可贵的材料。《淮南子》流传了"女娲补天"和"嫦娥"的神话，又有羿的神话。故综合的看来，古代文学家保存神话的功绩，实在比哲学家还要大些。他们一方面保存了一些神话，一方面自然亦加以修改；但大体说来，他们还不至于像古代史官似的把神话完全换了面相。

历史家，能够不大失却神话的本来面目而加以保存的，是一些"野史"的作者。如上文所述，三国时的徐整就敢于采用"南蛮"的开辟神话。后来宋胡宏作《皇王大纪》居然将盘古氏列于三皇之首了。《路史》和《绎史》的作者也采用了历来的神话。

其次讲到《山海经》。这是一部包含神话最多的书，但形式上又极像地理书；从来学者对于这部书的看法，已略如第一章所述，现在我们可以从著作时代及内容这二点再加以研究。

要研究《山海经》的著作时代，首先就得弄明白《山海经》的著作者是谁，《史记·大宛列传》末，太史公说："禹《本纪》言，河出昆仑：昆仑其高二千五百余里，日月所相避隐为光明也。其上有醴泉瑶池。今自张骞使大夏之后也，穷河源；恶睹《本纪》所谓昆仑者乎？故言九州山川，《尚书》近之矣；至《禹本纪》《山海经》，所有怪物，余不敢言之也。"太史公不言《山海经》为谁氏所作，然语气中已经露出和夏禹有关系的意思来，大概当时相传已经说是禹所作的了。刘秀（歆）奏上《山海经》，始谓："《山海经》者，出于唐虞之际。昔洪水洋溢，漫衍中国，民人失据，崎岖于丘陵，巢于树木；鲧既无功，而帝尧使禹继之。禹乘四载，随山刊木，定高山大川；益与伯翳主驱禽兽，命山川，类草木，别水土。四岳佐之，以周四方。逮人迹之所希至，及舟舆之所罕到，内别五方之山，外分八方之海，纪其珍宝奇物异方之所生，水土草木禽兽昆虫麟凤之所止，祯祥之所隐，及四海之外，绝域之国，殊类之人。禹别九州，任土作贡，而益等类物善恶，著《山海经》，皆圣贤之遗事，古文之著明者也。其事质明有信。孝武皇帝时，常有献异鸟者，食之百物所不肯食；东方朔见之，言其鸟名，又言其所当食，如朔言。问朔何以知之，即《山海经》所出也。孝宣帝时，击磻石于上郡，陷得石室，其中有反缚盗械人。时臣秀父向为谏议大夫，言此贰负之臣也。诏问何以知之，亦以《山海经》对。其文曰：'贰负杀窫窳，帝乃梏之疏属之山，桎其右足，反缚两手。'上大惊。朝士由是多奇《山海经》者。文学大儒皆读学以为奇，足以考祯祥变怪之物，见远国异人之谣俗。"其后敢于疑古的王充亦曰："禹主治水，益主记异物；海外山表，无远不至，以所闻见，作《山海经》。董仲舒睹重常之鸟，刘子政晓贰负之尸。皆见《山海经》。"刘歆说是东方朔的故事，王充却说是董仲舒。赵晔作《吴越春秋》，亦云："……遂循行四渎，与益、夔共谋，行到名山大泽，召其神而问之：山川脉理，金玉所有，鸟兽昆虫之类，及八方之民俗，殊国异域，土地理数。使益疏而记之，名曰《山海经》。"东晋郭璞《山海经序》称为"跨世七代，历载三千"，则亦以为禹所作了。北齐颜之推的《颜氏家训》说："《山海经》，禹益所记，而有长沙，零陵，桂阳，后人所羼，非本文也。"晁公武《读书志》谓："长沙，零陵，雁门，皆郡县名，又自载禹鲧，似后人因其名参益之。"(《跋山海经》)这都是在承认"禹益所作"的立足点上而怀疑其中有后人妄增的部分。陈振孙《直斋书目》说《山海经》云："今本锡山尤袤延之校定，世传禹益所作；其事见《吴越春秋》曰：'禹东巡登南岳，得金简玉字，通水之理，遂行四渎，与益共谋，所至使益疏而记之，名《山海经》。'此其为说恢诞不典。司马迁曰：'言九州山川，《尚书》近之矣；至《禹本纪》《山海经》所书怪物，余不敢言之也。'可谓名言，孰曰'多爱'乎？故尤跋明其非禹、伯翳所作，而以为先秦古书无疑；然莫能明其何人也。"王应麟《山海经考证》则称其"要为有本于古，秦汉增益之书。太史公谓言

22

九州山川，《尚书》近之，至《山海经》《禹本纪》所言怪物，余不敢言也。然哉！"又《王会补传》引朱熹的话："《山海经》纪诸异物，飞走之类，多云东向，或云东首，疑本依图画而述之。"朱熹《楚辞辨证》又云："古今说《天问》者，皆本此二书（按指《山海经》与《淮南子》）；今以文意考之，疑此二书本缘《天问》而作。"明胡应麟引伸朱熹之说，"偶读《左传》，王孙满之对楚子曰：昔夏之方有德也，远方图物，贡金九牧，铸鼎象物，百物而为之备，使民知神奸，故民入川泽山林，魑魅魍魉，莫能逢之。不觉洒然击节曰：此《山海经》所由作乎？盖是书也，其用意一根于怪。所载人物灵祇非一，而其形皆魑魅魍魉之属也。考王孙之对，虽一时辩给之谈，若其所称图象百物之说，必有所本。至于周末，《离骚》《庄》《列》辈，其流遂不可底极；而一时能文之士，因假《穆天子》之体，纵横附会，勒成此书，以傅于图象百物之说，意者将以禹、益欺天下后世，而适以诬之也。"（见《少室山房笔丛》）可是同是明代人的杨慎作《山海经后叙》，却又以为"神禹既锡玄圭以成水功，遂受舜禅以家天下；于是乎收九牧之金以铸鼎。鼎之象则取远方之图：山之奇，水之奇，草之奇，木之奇，禽之奇，兽之奇，说其形，著其生，别其性，分其类，其神奇殊汇，骇世惊听者，或见，或闻，或恒有，或时有，或不必有，皆一一书焉。盖其经而可守者，具在禹贡；奇而不法者，则备在九鼎。……夏后氏之世虽曰尚忠，而文反过于成周。太史终古藏古今之图，至桀焚黄图，终古乃抱之以归殷。又史言孔甲于黄帝、姚、姒盘盂之铭，皆辑之以为书，则九鼎之图，其传固出于终古、孔甲之流也，谓之曰'山海图'，其文则谓之曰《山海经》。至秦而九鼎亡，独图与经存。晋陶潜诗：'流观山海图。'阮氏《七录》有张僧繇'山海图'，可证已。今则经存而图亡。后人因其义例而推广之，益以秦汉郡县地名，故读者疑信相半。信者直以为禹益所著，既述其原，而疑者遂斥为后人赝作诡撰，抑亦轧矣。汉刘歆《七略》所上，其文古矣！"杨氏的议论可算是最圆到，但解释《山海经》的性质却也错了。《四库全书提要》亦认《山海经》为注图之文。盖至近代，差不多一般的意见都承认《山海经》是汉以前的古书，"语怪之祖"；虽非禹、益所撰，或者有点关系，因其本为注图之文。

　　既然断定《山海经》不是禹、益所撰，那么，进一步就应该讨论到成书的时代了。尤延之以为《山海经》乃先秦古书无疑，王应麟说是"要为有本于古，秦汉增益之书"；胡应麟疑是"战国好奇之士，本《穆天子传》之文与事而侈大博极之"，又曰："此书盖周末文人因禹铸九鼎，图象百物，使民入山林川泽，备知神奸之说，故所记多魑魅魍魉之类，而于禹为特详。"这都是把《山海经》的著作时代放在先秦战国的。若依朱熹之所疑，"今以文意考之，疑此二书（《山海经》与《淮南子》）本缘《天问》而作"，则《山海经》的时代便不能早过屈原，即至早亦在秦初了。最近看见陆侃如的主张，以《山海经》各部分著作时代，分为：（1）《山经》—《五藏山经》——战国时楚人作，（2）《海内外经》（《海内外东西南北经》）——西汉（《淮南》以后，刘歆以前）作，（3）《大荒经》及《海内经》——东汉魏晋（刘歆以后，郭璞以前）作。他的理由是：（1）《大荒经》及《海内经》是解释《海内外经》的，且多汉代地名；篇末无"刘歆校"字样，而郭注说

"进在外"。最重要的是《汉志》仅十三篇，分明末五篇是在刘、班以后。（2）《海外经》袭《淮南·地形训》而加详，至述昆仑、西王母又较《山经》增多枝叶，显然由《山经》《淮南》演绎而出。《海内经》（非书末之《海内经》）——尤其《海内东经》——多汉代地名（即毕沅所谓《水经》的一部分），且篇末均署歆名，可证是他添入的。（3）最后说《山经》是真的，因为我们没有证据可以移后它的时代。旧说禹、益所记固然错误，我们定为战国，因为：(a) 经中言铁最多，而《石雅》说铁之盛行在东周；(b) 经中言郡县，郡县之制最早是秦孝公，战国时齐、楚、魏、赵灭他国后常以其地为郡县。又经中与《楚辞》《庄子》相通者极夥，故假定为楚民族的作品。（见《新月》第一卷第五号陆侃如的通信）陆先生把《山海经》分作三部分来分别考定的办法，我很赞成；但是他的主张，我有异议。《大荒经》及《海内经》素来是一个讨论的焦点。明刊道藏本目录"《海内经》第十八"条下有注云："本一千一百十一字，注九百六十七字；此《海内经》及《大荒经》，本皆进在外。"此"进"字殊不可解，故郝懿行的《山海经笺疏·自叙》上论到篇目时从这"进"字生一解释道："《汉书艺文志》，《山海经》十三篇在形法家，不言有十八篇。所谓十八篇，《南山经》至《中山经》本二十六篇，合为《五藏山经》五篇，加《海外经》已下八篇，及《大荒经》已下五篇，为十八篇也。所谓十三篇者，去《荒经》已下五篇，正得十三篇也。古本此五篇，皆在外，与经别行，为释经之外篇，及郭作传，据刘氏定本，复为十八篇，即又与《艺文志》十三篇之目不符也。"这是想把刘秀奏中之"今定为十八篇"一语与《艺文志》所谓"十三篇"

的抵牾，互相调和起来。然据《铁琴铜剑楼藏书目录》所载明刊本《山海经》十八卷之提要，则作"逸在外"。大概明道藏本的"进"字就是"逸"字之误（陆先生信中亦作"进"，不知是否为手民误排）。据此则郝懿行的主张就不能成立，而《荒经》及《海内经》之是否为刘歆所见，是一个疑问了。如果去此五篇，果然和《艺文志》之目是符合了，但与刘秀奏上所称"十八篇"岂非又不对了？《四库全书总目提要》的《山海经》条下说："旧本所载刘秀奏中，称其书凡十八篇，与《汉志》称十三篇者不合；《七略》即秀所定，不应自相抵牾，疑其赝托。然郭璞序中已引其文，相传既久，今仍并录焉。"这是因篇目不符而疑及刘秀的奏是赝托了。可是我们又何尝不可说《艺文志》的"三"字是误讹呢？况且郭璞序中说"虽暂显于汉，而寻亦寝废……余有惧焉，故为之创传，疏其壅阂，辟其菇芜"。可知郭璞所见亦未必是刘歆原本，而且璞亦加以校订修改了。陆先生既认《大荒》《海内》是解释《海内外经》（颇有似赞同郝懿行之主张），又因"逸在外"的附注及篇末无"刘歆校"字样，因以断定《荒经》和《海内经》是刘歆以后郭璞以前的作品，其实《山海经》错简甚多，篇目离合，亦有屡次，故不能因《荒经》与《海内经》颇多与《海内外经》相通的材料而遂目为是"解释"。又从"逸在外"与篇末无"刘歆校"字样，以考定《荒经》与《海内经》的著作时代，亦微嫌证据薄弱，最重要的是应该从内容上加以研究（我对于篇末无"刘歆校"字样的解释，下节里就有著，此处不赘）。我们总可以承认刘歆以后到郭璞的时期内，神仙的观念和怪异的迷信，和战国时代已经很不相同罢？如果《荒经》

以下乃汉魏人所作，应该有些那时道教的神仙观念和变形魔术的痕迹，可是没有。在性质上，《荒经》以下五篇和《海内外经》没有什么分别。我们不妨假定《荒经》及《海内经》与《五藏山经》不同时代（或者本在《海内外经》中，后被分出的），然而若以之置于刘歆以后，却未免太落后了些了。

其次关于《海内外经》的著作时代，陆先生定为西汉时作，"篇末均署歆名，可证是他添入的"。但是海内外两经可注意的地方，尚不止"篇末均署歆名"，常见之"一曰……"也是特异的。大概刘歆校定之际，《海内外经》文有二本，故他举其异文。或者竟是当时有相异的传说，而他据以添附进去。篇末署了歆名，也许就表示这点意义，似乎未便解作全体乃歆所增。陆先生谓"《海外经》袭《淮南·地形训》而加详，至述昆仑、西王母，又较《山经》增多枝叶，显然由《山经》《淮南》演绎而出"。《淮南》本是杂采群书之作，可以不论；然言昆仑及西王母，则《淮南》已谓"羿请不死之药于西王母"，已经将《山海经》的"是司天之厉及五残"的西王母来"仙人化"了。这分明证实汉初已将西王母修改成合于方士辈的神仙之谈。原来言神仙之事，始于战国末的燕齐方士，至秦始皇统一天下前后而盛极一时，所以西王母的"仙人化"大概可以上溯至秦汉之间，乃至战国末；《海内外经》如为西汉时所增加，则其言西王母必不如彼其朴野而近于原始人的思想信仰。故就西王母一点而观，适足证明《海内外经》的时代不能后于战国，至迟在春秋战国之交。（西王母神话的转变，下文尚要详论。）

最后讲《五藏山经》作成的时代。陆先生以为《五藏山经》

乃战国时楚人的作品，然就上举之西王母的形状而言，已足证明"豹尾虎齿，蓬发戴胜"那种思想为更近于原始信仰，应该发生于比战国更早的时代。至于因其和《楚辞》《庄子》相通者多而定为楚民族的作品，也不很妥；我们知道《山经》所载是神话材料，既是神话，楚民族民间口头流传的神怪故事可以是从别地来，因而也不能禁止《楚辞》《庄子》所记不与他书相通。况且《楚辞》中的神话材料已颇文雅美丽，较之《五藏山经》为更后的文化历程中之产物。所以把《五藏山经》定为战国时作品，也嫌时代太落后了些。我以为《五藏山经》大概是东周之书。理由是：综观《五藏山经》之记载，是以洛阳为中心，其言泾渭诸水流域即雍州东部诸山，及汾水南即冀州南部诸山，较为详密，洛阳附近诸山最详，东方南方东南方已甚略，北方最略。又言及五岳祭典，并无特盛，惟祭嵩山用太牢。这些都能帮助我们来假定《五藏山经》是东周之都洛阳的产物。而陆先生所举铁之盛行在东周一证，正也可以为《五藏山经》成于东周作一旁证。因为作者是当时中国版图之中心地的洛阳的人，所以《五藏山经》内所包含的神话材料就有黄河流域和长江流域两方面的神话了，然而仍以北部者为多。

如上所言，对于《山海经》的成书时代，大概可以定为（1）《五藏山经》在东周时，（2）《海内外经》在春秋战国之交，（3）《荒经》及《海内经》更后，然亦不会在秦统一以后（或许本是《海内外经》中文字，为后人分出者）。此三个时期的无名作者，大概都是依据了当时的九鼎图象及庙堂绘画而作说明，采用了当时民间流传的神话；然因要托名禹、益之故，乃摹仿《禹贡》，任意损益了当时的口头传述的神话。至汉时，陆续有人增益，乃成为现在的形式。一方面固然保存了若干神话材料，而一方面也修改了神话的本来面目了。

第三章　演化与解释

现在文明民族的神话都是经过保存者的一次二次的修改，然后到我们手里。神话是原始信仰加上原始生活的结果，所以不合理的质素很多。例如埃及、巴比伦神话中的神多有作兽形（这和中国很相同），而希腊与北欧的神话也常说神们变形为兽或神们的血族结婚与离婚。此种不合理的质素，在我们（现代文明人）看来，是不合理的，但在原始人看来，却是合理的。原始人信仰精灵主义，当然会想到野兽有思想情绪能说话；并且因为原始人看来野兽们在有些地方（譬如爬树钻洞泅水）确比人类的能力大，当然又会想到这些野兽会变成了神。原始人中间的确行着血族结婚和离婚，甚至"滥交"的状态，所以在他们看来，神们也是如此。我们现在已经从人类学方面得到了解释这些不合理质素的宝钥，我们已经不很讨厌这些不合理的记载，并且觉得还是有用；但是我们的曾祖、高祖、高高祖们，没有近代科学的帮助，却很不喜欢那些怪诞粗鲁的东西，因而他们就动手修改了。他们一代一代地把神话传下来，就一代一代地加以修改。他们都照着自己的意思去修改，他们又照着自己的意思增加些枝叶上去。于是本来朴野的简短的故事，变成美丽曲折了；道德的教训，肤浅的哲理，也加进去了。原始人的神话经过了这样的"演化"，就成为一民族文学的泉源——当然只是最早的泉源。

在中国神话中，"演化"的段落是很明显的。例如西王母的神话，在《山海经》的《西山经》上不过是这么说：

> 又西三百五十里，曰玉山，是西王母所居也。西王母，其状如人，豹尾虎齿而善啸，蓬发戴胜，是司天之厉及五残（郭注：主知灾厉五刑残杀之气也）。

这描写得如何可怕！再看《海内北经》说：

> 西王母梯几而戴胜杖（《汉书》司马相如《大人赋》注引此无"杖"字），其南有三青鸟，为西王母取食，在昆仑北。

这里也仅仅加增了为西王母取食的三青鸟。再看《大荒西经》：

> 西海之南，流沙之滨，赤水之后，黑水之前，有

大山，名曰昆仑之丘，有神，人面虎身，有文有尾，皆白处之（谓有白点也）。其下有弱水之渊环之，其外有炎火之山，投物趣然。有人戴胜，虎齿有豹尾，穴处，名曰西王母。此山万物尽有。

然而在《穆天子传》里的西王母就进步了许多了。《穆天子传》记周穆王西征，相传是晋咸宁中从汲冢（战国魏王之墓，在汲县）里挖出来的（同时并得《竹书纪年》），自然也是伪作，但也许是战国时文人的手笔。据这《穆天子传》所说是：

> 吉日甲子，天子宾于西王母，执玄圭白璧以见西王母，献锦组百纯，□组三百纯。西王母再拜受之。乙丑，天子觞西王母于瑶池之上，西王母为天子谣曰："白云在天，山陵自出，道里悠远，山川间之，将子无死，尚能复来。"天子答之曰："予归东土，和治诸夏，万民平均，吾顾见汝，比及三年，将复而野。"天子遂驱升于弇山，乃纪其迹于弇山之石，而树之槐，眉曰西王母之山。（按郭璞注《西山经》引《穆天子传》，又有西王母再为天子吟曰："徂彼西土，爰居其所，虎豹为群，乌鹊与处，嘉命不迁，我为帝女，彼何世民，又将去子，吹笙鼓簧，中心翱翔，世民之子，惟天之望。"云云。）

这里的西王母已经不是"豹尾虎齿"那样的异相，而颇似一"人王"。此可视为西王母神话之第一次被修改，被增饰；亦正因其尚不与原始思想相差甚远，故我们得假定《穆天子传》虽是伪物，然尚是战国时人所作。我们再看托名班固所作的《汉武故事》的记载便大不同了；《汉武故事》内述西王母会见汉武帝的一段说：

> 七月七日，上于承华殿斋，日正中，忽见有青鸟从西方来。……是夜漏七刻，空中无云，隐如雷声，竟天紫气。有顷，王母至，乘紫车，玉女夹驭，戴七胜，青气如云；有二青鸟，夹侍母旁。下车，上迎拜，延母坐，请不死之药。母曰："帝滞情不遣，欲心尚多，不死之药，未可致也。"因出桃七枚，母自啖二枚，与帝二枚。帝留核著前，王母问曰："用此何为？"上曰："此桃美，欲种之。"母笑曰："此桃三千年一著子，非下土所植也。"留至五更，谈语世事而不肯言鬼神，肃然便去。

又同称为班固所撰的《汉武内传》中也有一段同样的记事，但文辞更为缛丽，而且西王母简直成为"年可三十许"的丽人了。现在也抄在下面：

> 到七月七日，乃修除宫掖，设坐大殿，以紫罗荐地，燔百和之香，张云锦之帏，然九光之灯，列玉门之枣，酌蒲萄之醴，宫监香果，为天宫之馔。帝乃盛服立于阶下，敕端门之内不得有妄窥者；内外寂谧，以

候云驾。到夜二更之后，忽见西南如白云起，郁然直来，径趋宫庭。须臾转近，闻云中萧鼓之声，人马之响。半食顷，王母至也；悬投殿前，有似鸟集：或驾龙虎，或乘白麟，或乘白鹤，或乘轩车，或乘天马。群仙数千，光耀庭宇。既至，从官不复知所在，唯见王母乘紫云之辇，驾九色斑龙，别有五十天仙，侧近鸾舆，皆长丈余，同执彩旄之节，佩金刚灵玺，戴天真之冠，咸住殿下。王母惟扶二侍女上殿，侍女年可十六七，服青绫之袿，容眸流盼，神姿清发，真美人也！王母上殿东向坐，着黄金褡襦，文采鲜明，光仪淑穆，带灵飞大绶，腰佩分景之剑，头上太华髻，戴太真震婴之冠，履元璃凤文之舄。视之可年三十许，修短得中，天姿掩蔼，容颜绝世，真灵人也！下车登床。帝跪拜问寒暄毕，立。因呼帝共坐。帝面南。王母自设天厨，真妙非常，丰珍上果，芳华百味，紫芝萎蕤，芬芳填樏，清香之酒，非地上所有，香气殊绝，帝不能名也。又命侍女更索桃果。须臾，以玉盘盛仙桃七颗，大如鸭卵，形圆青色，以呈王母。母以四颗与帝，三颗自食。桃味甘美，口有盈味，帝食辄收其核。王母问帝。帝曰："欲种之。"母曰："此桃三千年一生实，中夏地薄，种之不生。"帝乃止于坐上。酒觞数遍，王母乃命诸侍女，王子登弹八琅之璈，又命侍女董双成吹云和之笙，石公子击昆庭之金，许飞琼鼓震灵之簧，婉凌华拊五华之石，范成君击湘阴之磬，

段安香作九天之钧，于是众声澈明，灵音骇空；又命法
婴歌元灵之曲。

《汉武内传》和《汉武故事》，不用说都是伪书；然就晋张华的《博物志》所载汉武会见西王母的故事正与《内传》符合一点而言，则《内传》作者大概是魏晋间人了。再就上引之两段文字而观，则《内传》云云显然又是更后代些的思想；在《故事》中，西王母的从者尚只二青鸟，和《山海经》相符合，但在《内传》中则有群仙数千，又"别有五十天仙，侧近鸾舆"，又侍女有王子登、董双成、石公子、许飞琼等，显然是后世皇帝的排场，其增饰之迹，显然可见了。所以《故事》虽亦托名班固，然而著作时代必较《内传》为早，或者是后汉的作品，也未可知。

从上面这一点简单的叙述看来，西王母的神话之演化，是经过了三个时期的。在中国的原始神话中，西王母是半人半兽的神，"豹尾虎齿，蓬发戴胜"，"穴处"，"三青鸟为西王母取食"，是"司天之厉及五残"，即是一位凶神。到了战国，已经有些演化了，所以《淮南子》公然说"羿请不死之药于西王母"，而假定可算是战国时人所作的《穆天子传》也就不说西王母的异相而能与穆王歌谣和答了。我们从《淮南子》的一句"不死之药"，可以想见西王母的演化到汉初已是从凶神（司天之厉及五残）而变为"有不死之药"的吉神及仙人了。这可说是第一期的演化。汉武求神仙，招致方士的时候，西王母的演化便进了第二期。于是从"不死之药"上化出"桃"来，据《汉武故事》的叙述，大概当时颇有以西王母的桃子代表了次等的不死之药的意义，所以

说西王母拒绝了武帝请求不死之药，却给他"三千年一著子"的桃子。这可算是第二期的演化。及至魏晋间，就把西王母完全铺张成为群仙的领袖，并且是"年可三十许"的丽人，又在三青鸟之外，生出了董双成等一班侍女来。这是西王母神话的最后演化。西王母神话的修改增饰，至此已告完成，然而也就完全剥落了中国原始神话的气味而成为道教的传说了。后来的人已经不能从西王母身上再添枝叶，所以伪托东方朔撰的《神异经》（今本注者为张华，亦属伪托无疑；然《隋书·经籍志》上已有《神异经》著录，题为东方朔撰，张华注，则此书由来已久；《四库提要》，断定为六朝人所作，大概是的），只能新造出一个东王公来：

> 东荒山中，有大石室，东王公居焉。长一丈，头发皓白，人形鸟面而虎尾，戴一黑熊，左右顾望，恒与一玉女投壶，每投千二百矫，设有入不出者，天为之噎嘘（华注：叹也）。矫出而脱误不接者（言失之），天为之笑。（华注：言笑者，天口流火焰灼，今天下不雨，而有电光，是天笑也。）

这东王公未见于《山海经》各书，汉人著作亦未言及；所以虽然说是"人形鸟面而虎尾，戴一黑熊"，颇有似于原始思想，可是我们敢断定他是摹仿《山海经》的。东王公因是后起的文人作品，在民间传说上没有根据，所以就不能和西王母一般有了许多的增饰。

我们现有的神话，几乎没有一条不是经过修改而逐渐演化成的。除上述之西王母而外，还有昆仑的神话，月亮及牵牛织女的神话，都是很明显的例子。不过现在我们要暂时略过，留在下面第四章及第六章内详细研究了。

为什么神话会"演化"呢？因为"文雅"的后代人不能满意于祖先的原始思想而又热爱此等流传于民间的故事，因而依着他们当时的流行信仰，剥落了原始的犷野的面目，给披上了绮丽的衣裳。这是"好奇"的古人干的玩意儿，目的在为那大部分的流传于民众口头的太古传说找一条他们好奇者所视为合理的出路。同时却又有些"守正"的人们努力要引导这些荒诞的古代传说归之于"正"，从另一方面消极的修改神话，使成为合理的故实：这便是所谓对于神话的"解释"。

神话的历史化的例子，在欧洲的希腊与北欧神话中就早已有了。纪元前三一六年顷的希腊学者欧赫梅鲁司（Euhemerus）曾经很简单地把神话解释成古代历史。他们说神话里的神们便是该民族古代的帝皇或英雄；神话只是小说化的——描写是夸张的，事实是扭曲的——古代的历史。时代比欧赫梅鲁司要早些的历史家希洛道忒司（Herodotus）所作的历史也是尽量采用神话的。不过将一切神话都有意地解释为古史，却始于欧赫梅鲁司。依他的自述，他曾航海到了一个荒岛，名为滂契埃（Panchoea），看见许多铜柱，上镌神话时代的事实，于是他始知一切神话实即古史（见他所著的《圣史》中），这个自述，大概是他的伪托。依他的说法，希腊神话中众神之王宙斯实即克里特（Crete）的国王（据说克里特这个国是真有的，在希腊之前；当希腊有史时，此国灭亡已久，故其历史不传于世。近人麦根西著《克里特及希腊以前的欧洲神话》，则证明此岛国的文化——神话与美术——实为希腊文化之祖先），宙斯与扰乱世界的巨人铁丹族的战争实即克里特国王削平内乱之史事；又希腊神话中造人的伯罗米修士（本亦巨人族），负地而立的亚特拉斯（亦巨人族），实为希腊古代之善塑泥人的陶工和天文家。欧赫梅鲁司就用了这等肤浅的附会将全部希腊神话改造成古代史。

北欧虽然没有欧赫梅鲁司那样的人出而有意地将神话解释成古史，但是"历史化"的事实也是有的。例如北欧神话中众神之王奥定（相当于希腊神话的宙斯）就被说成为小亚细亚地方一个部落名亚息耳（Aesir）者的酋长，因为受了罗马人的压迫，乃向西北拓地，征服了现在俄罗斯、德意志、丹麦、挪威、瑞典等国的土地，每处立他自己的一个儿子为王；后知自己在世间的事已完，即剖腹自杀，上天成神。这一段话，不但把神话里的奥定附会作俄罗斯等五国的开辟之祖，并且把北欧神们的总名亚息耳也附会成一个部落的名儿了。后来冰岛的历史家斯奴罗·斯土莱松（Snorri-Sturluson, 1179—? ）作《挪威诸王逸史》也把北欧神话里的日光神佛利（Frey）作为古王，说是在半历史的奥定与涅尔特（海神）死了以后，即帝位于鸟布萨拉的。因为他在位时政治修明，国内太平，所以百姓景仰之若神；百姓们对于他的崇拜是如此之烈，竟使朝臣们当佛利死时秘不敢发丧，亦不敢遵例火葬，却私埋于大丘中，告百姓说，主（佛利一字，在北欧，义为主）已经成神，走入大丘里去了。

但希腊和北欧的神话幸赖有古代的弦歌诗人及戏曲家保存了许多，尚有系统可寻，所以不为历史家的"守正"行为所掩没，并且我们反可以证明那些历史家的所谓古史实在是神话。中国便不同了。如前所述，中国的文学家开始采用神话的时候，大部分的神话早已完全历史化了。几千年来，黄帝、神农、尧、舜、禹、羿等人，早已成为真正的历史人物。战国以后，"好奇之士"偶尔记载一些当时还活在人民口头的关于黄帝等人的"传说"，然而后代的"守正"的缙绅先生们早已斥为荒诞不经，努力把这些断片的神话再加以历史的解释。例如许多有权威的古书（如《孟子》等）明明说羿是历史人物，但《山海经》内说羿是一个天神，而《楚辞·天问》也说"羿焉彃日？乌焉解羽？"《淮南子·本经训》更明明白白地说："逮至尧之时，十日并出……尧乃使羿……上射十日。"这岂不是显然对于羿的历史人格挑战了么？于是就有洪兴祖的解释，以为"羿是善射之号"，罗长源及陈一中又更进一步解释"十日"，以为十日是扶桑君的十个儿子，九日为凶，号曰九婴，尧使羿所射者即此。这是对于已经历史化的神话人物而遇有与其历史性相抵牾的传说时的解释方法。至于尚未受到历史化的遗在草莱的神话，就被简捷地取来作为历史了。例如盘古的神话就被直捷地当作历史材料，徐整收入了他的记载"三王五帝"之事的《三五历纪》，胡宏更收进了《皇王大纪》了。然而究竟"好奇之士"太多，缙绅先生们欲一一加以历史的解释亦能力所不及，所以一切古代史的人物，从黄帝以至禹，每人都有些"不雅驯"的神话粘附着，而因此使我们有理由可以断言禹以前的历史简直就是历史化了的古代神话。黄帝和蚩尤的战争，也许就是中国神话上的神（黄帝）与巨人族（蚩尤）的战争。《通典》说："蚩尤即魑魅，战于涿鹿，黄帝吹角为龙吟御之。"《路史》

谓"蚩尤兄弟七十二人"（这大概是根据了《述异记》)。《龙鱼河图》谓"蚩尤兄弟八十一人"（见吴任臣《山海经广注》十七所引)。所以蚩尤之为"非人"，是很可以相信的，那么，与蚩尤作战之黄帝之为"非人"也可以想见了（关于黄帝和蚩尤战争的神话，我在下面第五章还要评论)，希腊神话和北欧神话都说与神同时代者有巨人族，好作恶，为神所灭。可知中国神话而亦有巨人族一说，是很合情理的。既然说"蚩尤兄弟七十二人"或"八十一人"，又可以想见"蚩尤"是一个类名，相当于希腊神话巨人族之名"铁丹"或北欧神话巨人族之名为"伊密尔"了。可是《史记》直把蚩尤认为黄帝时的诸侯，完全把这一段神话历史化了，关于黄帝的神话的断片还有许多，我们现在无暇细说，再看《尚书》上说得很确实的尧、舜、禹，也是很可以令人怀疑的。尧的本身上无多大神话，然就上所引《淮南子·本经训》的一段而看，尧有一个"非人"的羿（关于羿，下文第七章也要详细讨论)，则尧之是否为真的人，也是颇可怀疑了。舜本身就有许多神话（如说象代他耕种之类)，他的二妃又有许多神话，所以舜也不是真正的历史人物。夏禹算是最可靠的历史人物（据正史而言)，然而《山海经》《楚辞》《淮南子》就有许多夏禹的神话。然则夏禹也是靠不住的。不但禹，便是禹之子启，据《楚辞》及《山海经》，也是神样的人物（下文第七章都要讨论)，只要我们来搜剔，禹以上的历史都有疑窦，都可以说是历史化的神话。也就可以想见司马迁以前的史官曾经如何努力地加神话以历史的解释了。

西洋解释神话的一派名为文字学派者，说"神话是语言有病的结果，犹之珍珠是蚌有病的结果"。什么叫作"语言有病"

呢？据文字学派的意见：原是古人一句平常的话语，但因口耳相传，发音上有了一点小错误，后人不知真义，反加曲解，又添了些注释——藻饰，于是一句平常简单的话竟变成一则故事了；这便叫作"因了语言有病，反产生神话"。希腊的悲剧家幼里披底（Euripides）以为希腊神话中说巴卡斯（酒神）缝在宙斯的肢上（ǒunpos），实是弄错了字的缘故，大概原来的话是说宙斯给一个誓（ǒunpòs），又柏拉图的"Cratylus"中亦载苏格拉底之言，谓神话中不合理的故事都因字讹。在中国，把古籍中的神话材料解释为"字讹"的，亦不乏其人。我们可以举一个最显明的例，便是朱熹对于羲和的解释。他分辩《楚辞》中所说日御羲和与《尧典》的日官而为之解释道："注（指王逸注《离骚》文）以为羲和为日御，补注（指洪兴祖补进）又引《山海经》云：'东南海外有羲和之国，有女子曰羲和，常浴日于甘渊。注云：羲和，始生日月者也，尧因立羲和之官，以掌天地四时。'此等虚诞之说，其始止因《尧典》'出日纳日'之文，口耳相传，失其本指，而好奇之人，耻其谬误，遂乃增饰附会，必欲使之与经为一而后已。"（《楚辞辩证》上）从朱熹这话，我们何尝又不可反证《尧典》的羲和其实只是神话中的羲和，而"出日纳日"一语犹属神话中所谓"日御"的遗形。秦以前的一些守正之士大概很改动了古籍中的神话材料，而他们的所以然的原因大概是认定了那些不雅驯的记载是文字错误之故，只可惜我们现在找不到他们有意改动的议论，仅能在"异文"上看出他们改动的痕迹罢了。

第四章　宇宙观

原始人的思想虽然简单，却喜欢去攻击那些巨大的问题，例如天地缘何而始，人类从何而来，天地之外有何物，等等。他们对于这些问题的答案便是天地开辟的神话，便是他们的原始的哲学，他们的宇宙观。不论任何发展阶段上的民族，一定有代表他们的宇宙观的开辟天地的神话。南非洲的布西曼族不知道耕种，也不知道火食，然而也有天地开辟的神话，说是一只大蚱猛名叫 Cagn 的，创造了天地和万物。Cagn 还有妻，名为 Coti；他们怎样创造万物，布西曼也一定有其神话，但现在还没有人去采取来。他们又说人是蛇变的；有一天，Cagn 以杖击蛇头，蛇就变成了人了。

我们自然要说布西曼族的天地开辟神话太简陋可笑。但是我

42

们也不得不承认这是他们的"宇宙观"。如前所说，我们现有的神话是北中南三部民族的神话的混合物，所以我们的片段的开辟神话也是混合品。始创天地的盘古的神话，本发生于南方，经过了中部文人的采用修改而成为中华民族的神话；现存可信的材料为徐整《三五历记》的记载：

> 天地混沌如鸡子，盘古生其中；万八千岁，天地开辟，阳清为天，阴浊为地；盘古在其中，一日九变，神于天，圣于地。天日高一丈，地日厚一丈，盘古日长一丈。如此万八千岁，天数极高，地数极深，盘古极长。后乃有三皇。

（《太平御览》七八所引）

又同是徐整著的《五运历年纪》说：

> 首生盘古，垂死化身，气成风云，声为雷霆。左眼为日，右眼为月，四肢五体为四极五岳，血液为江河，筋脉为地理，肌肉为田土，发髭为星辰，皮毛为草木，齿骨为珠石，汗流为雨泽；身之诸虫，因风所感，化为黎甿。

（马氏《绎史》所引）

上面所引两条中，有一可注意之点，即第一条云云，大概是更近于南方民族的开辟神话的本来面目，然最后的一句"后乃有三皇"

大概是徐整所加添的。至于第二条，大体也是根据了南方民族的神话，可是修改增饰之处一定更多；这不但是"四极五岳"一言已经流露了中部及北部民族之宇宙观，并且解释天地创造的过程也和第一条有矛盾。在第一条中，盘古是与天地同生的神，却和印度神话所说"最初，此世界惟有水，水以外无他物，水产出了一个金蛋，蛋又成一人，是为拍拉甲拍底，实为诸神之祖"，有些相仿佛。第二条，《五运历年纪》的记载，却是把盘古拟作未有天地时之一物，盘古死而后有大地，这便和北美洲的伊罗瓜族（Iroquois）所说有巨人旭卡尼普克的四肢、骨、血，造成了宇宙万物，有些相像了。然而更和北欧神话相似。北欧神话说，最初，宇宙为混沌一团，无天，无地，无海，惟有神蒲利与冰巨人伊密尔；蒲利有三子，曰奥定（精神），尾利（意志），凡（神圣）；奥定等杀死冰巨人伊密尔，将他的肉造成土地，血造成海，骨骼造成山，齿造成崖石，头发造成树木花草和一切菜蔬，髑髅造成天，脑子造成云。我以为这种巧合不是完全无意义的。《五运历年纪》的记载恰和北欧神话相似，而《三五历纪》所述又恰和印度神话相似，这也很可以暗示前者是渗入了若干北方民族的宇宙观了。

天地创造以后又曾经过一度的破坏，在北欧神话中就有这故事。北欧神话说：到了Ragnarok（神的劫难）那一天，地狱中的恶狼逃了出来，吞食了日和月，看守地狱门的狞狗加尔姆也起反抗，毒龙尼特霍格已经啮断生命树之根，蟠绕地的大蛇猛激起最可怕的波浪，于是亨达尔乃吹报警之角。神与魔的恶斗开始了。在魔的一边是死神赫尔，恶神陆克，火焰巨人苏尔体尔和一切霸巨人，天狼，地狱狩狗等等。终于是神都死了。苏尔体尔的魔火烧了天空陆地和幽冥九界。一切恶神也都烧死，地上也成了一片焦黑。天地是复又毁灭了。然后经过了无量数年，叔尔（日神）的女儿继母志驱日车行天空，于是地上渐有生意，大火灾时仅有之一男一女（Lifthrasir 与 Lif）再传第二代人类，神亦由第二代重整天宫。这是北欧神话里的天地毁灭与再创造。中国神话的女娲补天，也与之相当。《淮南子·览冥训》说：

> 往古之时，四极废，九州裂，天不兼覆，地不周载，火爁炎而不灭，水浩洋而不息；猛兽食颛民，鸷鸟攫老弱，于是女娲炼五色石以补苍天，断鳌足以立四极，杀黑龙以济冀州，积芦灰以止淫水；苍天补，四极正，淫水涸，冀州平，狡虫死，颛民生。

在这一段文字里，很显明的可以抽绎出天地曾经一度毁坏而由女娲再造的意义，很像北欧神话中的"神的劫难"。人类曾经受过洪水的灾难，所以各民族神话都有洪水的故事，北欧的 Ragnarok 也是属于此类的。中国女娲补天的神话中也说到"杀黑龙以济冀州，积芦灰以止淫水"，可知这个神话的断片实是大洪水神话中的一部分。又因为"断鳌足以立四极"，想象天是一块青石板，有四根柱来撑住了的，所以又发生共工氏头触不周山的神话。《淮南子·天文训》说：

> 昔者共工与颛顼争为帝，怒而触不周之山，天柱

折，地维绝。天倾西北，故日月星辰就焉，地不满东
南，故水潦尘埃归焉。

这又是北部人民对于地形及现世界的并未十分美满所起的一种解
答。在开辟神话中，这该是尾声了。从上述各节而观，显然见得
盘古的创造天地神话与女娲的再造天地神话，中间是脱了榫的，
也就可见《五运历年纪》云云大概是徐整因女娲氏补天的神话而
私造的，或许不是徐整所造，也该是盘古神话流传到中部以后由
民间所增的枝叶。但中国开辟神话之戴了南方的帽子而穿了北部
的衣裳，却也是可以断言的了。

　　关于女娲的故事，还有《风俗通》的一段话：

　　　　俗说天地初开辟，未有人民，女娲抟黄土为人；
　　　剧务力不暇给，乃引绳絚泥中，举以为人。故富贵贤
　　　知者，黄土人也；贫贱凡庸者，引絚人也。

　　　　　　　　　　　　（《太平御览》七八引《风俗通》）

这是说"引绳絚泥中"而成的人，仿佛是些粗制品，所以成了贫
贱凡庸者。这不是原始人民应有的原始思想。从这"造人"的神
话，也可以使我们想到原来中国北部民族一定也有他们自己的创
造天地的神话，说不定就是那女娲氏做了最活动的中坚分子。只
要想到"补天，立四极，止淫水"这些再造天地的重要工作又都
由女娲氏一人来承当，便觉得女娲也应该是北方民族的开辟神话
的主人公了。可惜已经完全逸亡。

原始人设想神是聚族而居的，又设想神们的住处是在极高的山上，所以境内最高的山便成了神话中神们的住处。希腊人对于奥林帕斯山的神秘的观念就是由此发生的。中国神话与之相当的，就是昆仑。《山海经》所说的昆仑，还不是怎样可乐的地方，显然带着北方人民的严肃的现实的色彩。《西山经》说：

　　　　西南四百里曰昆仑之丘，是实惟帝之下都。神陆吾司之。其神状：虎身而九尾，人面而虎爪。是神也，司天之九部及帝之囿时（郭注：天帝苑囿之时节也）。有兽焉，其状如羊而四角，名曰土蝼，是食人。有鸟焉，其状如蜂，大如鸳鸯，名曰钦原；蠚（毒也）鸟兽则死，蠚木则枯。有鸟焉，其名曰鹑鸟，是司帝之百服（器服也）。有木焉，其状如棠，黄华赤实，其味如李而无核，名曰沙棠，可以御火，食之使人不溺。有草焉，名曰薲草，其状如葵，其味如葱，食之已劳。

　　　　又西三百五十里曰玉山，是西王母所居也。西王母其状如人。豹尾虎齿而善啸，蓬发戴胜，是司天之厉及五残。有兽焉，其状如犬而豹文，其角如牛，其名曰狡，其音如吠犬，见则其国大穰。有鸟焉，其状如翟而赤，名曰胜遇，是食鱼，其音如录。

《海内西经》（如上文第二章所讨论，《海内西经》是战国前的作品）里的昆仑是比较的神贵典丽些了，然而也还不见得怎样出奇的迷人。《海内西经》说的是：

海内昆仑之墟在西北，帝之下都。昆仑之墟方八百里，高万仞，上有木禾，长五寻，大五围。面有九井，以玉为槛。面有九门，门有开明兽守之。百神之所在，在八隅之岩，赤水之际，非仁羿莫能上冈之岩。

开明兽：身大类虎而九首，皆人面东向立昆仑上。开明西有凤凰鸾鸟，皆戴蛇践蛇，膺有赤蛇。开明北有视肉珠树，文玉树，玗琪树，不死树。凤凰鸾鸟皆戴盾。又有离朱，木禾，柏树，甘水，圣木，曼兑（未详），一曰挺木牙交（此一曰是刘歆校定时所举异文）。开明东有巫彭，巫抵，巫阳，巫履，巫凡，巫相（皆神医）。夹窫窳之尸，皆操不死之药以距之。窫窳者，蛇身人面，贰负臣所杀也。服常树，其上有三头人，伺琅玕树。开明南有树与六首蛟，蝮蛇。

再看产生时代更后些的《大荒西经》说：

西海之南，流沙之滨，赤水之后，黑水之前，有大山，名曰昆仑之丘。有神，人面虎身，有文有尾，皆白处之。其下有弱水之渊环之，其外有炎火之山，投物辄燃。有人戴胜，虎齿有豹尾，穴处，名曰西王母。

总而言之，在《山海经》中，虽然说昆仑是帝之下都，有神陆吾，又有若干奇树，有开明兽，又有许多猛兽怪鸟，并不是缥缈仙乡的样子。大概中国神话里的昆仑的最初观念，不过如此，正好代表了北方民族的严肃的现实的气味。可是这同样的昆仑一到了中部民族的口里，便加上了许多美丽梦幻的色彩。《楚辞》已经把昆仑美化了。《离骚》说：

夕余至乎县圃。（王逸注谓悬圃神山，在昆仑之上。）

昆仑悬圃，其居安然？

（《天问》）

这是在昆仑之上，又加了一个悬圃了。虽然《山海经》也有"槐江之山，上多琅玕金玉，其阳多丹粟，阴多金银，实惟帝之平圃（即县圃），南望昆仑"。但是并未说昆仑之上有悬圃。《离骚》又说：

朝吾将济于白水兮，登阆风而緤马。
吾与重华游兮瑶之圃。登昆仑兮食玉英，与天地兮同寿，与日月兮同光。

（《九章·涉江》）

这里的白水、阆风，据《淮南子》则"白水出昆仑之山，饮之不死"，王逸谓"阆风山名，在昆仑之上"。而最可注意的是《山海经》所说的"虎身而九尾，人面而虎爪"的神陆吾，食人的怪兽土蝼，毒鸟钦原，"身大类虎而九首"的开明兽，全都没有了，反是"登昆仑兮食玉英，与天地兮同寿，与日月兮同光"。再看那大概是战国时人伪作的《穆天子传》：

> 春山之泽，清水出泉，温和无风，飞鸟百兽之所饮食，先王之所谓县圃。

《淮南子》的昆仑更其是可羡的仙乡：

> 昆仑墟中有增城九重，上有木禾。珠树，玉树，琁树，不死树在其西；沙棠，琅玕在其东；绛树在其南；碧树，瑶树在其北。

木禾沙棠等原是《山海经》所有的，但是土蝼、钦原等也都没有了。最后在伪作的《十洲记》，便完全成了方士道教的神仙之谈，并且将昆仑变成海外的昆仑了。我们也抄一段在下：

> 昆仑号曰昆崚，在西海之戌地，北海之亥地，去岸十三万里，又有弱水，周回绕匝。……山高平地三万六千里，上有三角，方广万里，形似偃盆，下狭上广，故名昆仑。山三角：其一角正北，干辰之辉，名曰阆风巅，其一角正西，名曰玄圃堂，其一角正东，名曰昆仑宫。其一角有积金为天墉城，而方千里；城上

安金台五所，玉楼十二所，其北户山，承渊山，又有墉城，金台玉楼，相烁如流精之阙，碧玉之堂，琼华之室，紫翠丹房，锦云烛日，朱霞九光，西王母之所治也。……天人济济，不可悉记，此乃天地之根纽，万度之纲柄矣。

又在《山海经》中，西王母不过是和神陆吾及开明兽相等的一个半人半兽的怪东西，在《穆天子传》已经说成一个神皇，在《十洲记》便俨然是昆仑的主人，惟一的尊神了。这都离开了原始思想太远，失却中国民族原始的宇宙观的真相，而成为方士的胡言乱道。但依《山海经》，尚可想见中国北方（后来也加入中部）人民的原始宇宙观是也像希腊人一样把境内最高的山作为神圣的地方，所谓"帝之下都"。

原始人受了自然界的束缚，活动规模是很狭小的，然而他们的想象却很阔大。他们对于辽远的——因自然界的阻隔而使他们不能到的地方，也有强烈的好奇心，因而也就有许多神话。可是这些"异方的幻想"也因各民族所居的环境与所遇的经验，而各自不同。例如北欧人的生活很艰苦，须是无休止地和风雪冰霜搏战而后仅得生存，所以他们对于"异方"的观念就并不怎样空灵美幻；他们觉得自己住的地方，究竟还有短促的夏天，是有福的，他们想象北方有一处终年被层冰云雾笼罩的地方，简直非活人所能住。这地方，就是不昼的冰泉赫夫格尔米尔所从出，名为尼非赫姆；只是那恶神和伊密尔（冰巨人）的后代霜巨人，才被神们放逐到那边去。在中国神话中，我们也可以找到相仿佛的故事。《天问》说：

　　日安不到，烛龙何照？

王逸注释道：“言天之西北，有幽冥无日之国，有龙衔烛而照之也。”但是《山海经》却把“烛龙”作为神名。《海外北经》说：

　　钟山之神，名曰烛阴（郭注曰，烛龙也；是烛九阴，因名云），视为昼，暝为夜，吹为冬，呼为夏，不饮不食不息，息为风。身长千里，在无晵之东，其为物：人面蛇身赤色，居钟山下。

这明明说是北方钟山之神名“烛阴”，或如郭璞所解，名“烛龙”，和王逸注不同。又据《大荒北经》，则烛龙又成了章尾山之神：

　　西北海之外，赤水之北，有章尾山，有神，人面蛇身而赤，直目正乘（郭注，直目，目纵也；正乘未闻），其暝乃晦，其视乃明，不食不寝不息，风雨是谒（言能请致风雨），是烛九阴，是谓烛龙。

《山海经》的错简脱误，本就很多；又加以后人增改，《荒经》与《海外经》本非一时所成，所以此处的矛盾，可以不必重视。再查《淮南子》，我们找到了《天问》所云云的旁证了。《淮南·地形训》说：

52

烛龙在雁门北，蔽于委羽之山，不见日；其神人面龙身而无足。（高诱注：蔽，至也。委羽，北方山名也。）

根据了《天问》的王逸注和《淮南子》，我们可以想象北方民族对于辽远的北方的观念是如何了。这个日光不到的地方，不论是名为烛龙也好，章尾山也好，钟山也好，总之，是等于北欧神话的尼非赫姆那样凄惨阴森的地方。（《十洲记》云："其北海外，又有钟山，在北海之子地，隔弱水之北一万九千里，高一万三千里，上方七千里，周旋三万里，自生玉芝，及神草四十余种；上有金台玉阙，亦元气之所舍，天帝居治处也。"这便显然是方士派的说话）。

反之，气候温和地方的原始人，对于辽远地域的想象便不同了。例如希腊人以为在他们所居地的北方，有些更幸福的人类住着，名为赫泼保利亚人（Hyperboreans），这些人们过得非常快乐，没有病老死的痛苦；这里是终岁常在春天。神们也时常来和这些赫泼保利亚的有福的人们游玩。可是这福地非世人所能到的；从水路或陆路，都不能达到。中国也有相类似的神话，见于《列子·汤问》篇；这自然是中部民族的产物：

禹之治水土也，迷而失途，谬之一国，滨北海之北，不知距齐州几千万里。其国名曰终北，不知际畔之所齐限，无风雨霜露，不生鸟兽虫鱼草木之类，四方悉平，周以乔陟（山之重垄也）。当国之中，有山；

山名壶领，状若甔甀。顶有口，状若员环，名曰滋穴；
有水涌出，名曰神瀵（水泉涌出，其深无底者，曰瀵），
臭过兰椒，味过醪醴。一源分为四埒（支也），注于山
下，经营一国，亡不悉遍。土气和，亡札厉（疫死也），
人性婉而从物，不竞不争，柔心而弱骨，不骄不忌；长
幼侪居，不君不臣，男女杂游，不媒不聘；缘水而居，
不耕不稼；土气适温，不织不衣；百年而死，不夭不
病。其民孳阜亡数。有喜乐，亡衰老哀苦。其俗好声，
相携而迭谣，终日不辍音。饥惓则饮神瀵，力志和平；
过则醉，经旬乃醒。沐浴神瀵，肤色脂泽，香气经旬
乃歇。

　　周穆王北游，过其国，三年忘归，既反周室，慕
其国，慨然自失，不进酒肉，不召嫔御者，数月乃复。

我们看这终北之国，岂不是正和希腊神话的赫泼保利亚相同么？
赫泼保利亚本来也就有"终北"的意义，盖谓 inhabitant beyond
the boreans or northern winds（住在北风的彼方之人），《列子》是
一部伪书，那是不用说的；然而此条神话却很可信是中国中部民
族的产物，而且大概没有经过多大的修改。只有住在气候温和的
中部地方的人民然后会产生此种美丽梦幻的故事来。《列子》的《黄
帝》篇又说：

　　华胥氏之国，在弇州之西，台州之北，不知斯（距
也）齐国几千万里。盖非舟车足力之所及，神遊而已，

> 其国无帅长，自然而已；其民无嗜欲，自然而已。不知乐生，不知恶死，故无夭殇；不知亲己，不知疏物，故无爱憎；不知背逆，不知向顺，故无利害。都无所爱惜，都无所畏忌，入水不溺，入火不热，斫挞无伤痛，指擿过无痟痒，乘空如履实，寝虚若处林，云雾不硋其视，雷霆不乱其听，美恶不滑其心，山谷不踬其步，神行而已。

这又是中部人民对于辽远的西北方的幻想。这一段神话已经受过浓烈的"哲学化"，如"其国无帅长"以下都是。但是希腊神话言最古之黄金时代，当班度拉尚未开开那只贮藏恶德的箱子以前，人类自然至乐，也正和《列子》所说华胥国之人民相仿。所以我们很可相信这一段传说还具有本来面目的六七。希腊民族以为在南方也有一个幸福的地方名为爱西屋皮亚（Ethiopia）也受神的优待。因而我们有理由可以说中国的中部人民除想象了北方有极乐之国的终北，也可以再想象西北方还有华胥之国了。

希腊神话又说，在大河奥息亚诺司的边岸，有一群福岛，自有日月星辰，而尖厉的北风也永远不能吹到这些岛上；正直有道德的人们为神所喜者，就可以不经过死而直接引到福岛。这在中国，也有巧合的故事，如《列子·黄帝》篇所记：

> 列姑射山在海河洲中，山上有神人焉，吸风饮露，不食五谷，心如渊泉，形如处女，不偎不爱，仙圣为之臣，不畏不怒，愿悫为之使，不施不惠，而物自足，

不聚不敛，而已无怨。阴阳常调，日月常明，四时常
若，风雨常均，字育常时，年谷常丰，而土无札伤。
人无天恶，物无疵厉，鬼无灵响焉。

这列姑射山的神话自然也是属于中部的。《山海经》上不见终北
和华肴二国名，但列姑射是有的。《海内北经》说："列姑射在海
河洲中。"郭璞注云："山名也，山有神人。河洲在海中，河水所
经者。《庄于》所谓藐姑射山是也。"郭注大概是因《庄子》有"藐
姑射山有神人居焉"而附会到列姑射。《山海经》所称的列姑射
是没有神人的。

但是《山海经》中也有一些近乎神人所居的乐土的记载，都
在《荒经》中，现在也抄了来：

有载民之国。帝舜生无淫，降载处，是为巫载民。
巫载民朌姓，食谷。不绩不经，服也。（郭注：言自然
有布帛也。）不稼不穑，食也。（郭注：言五谷自生也。）
爰有歌舞之鸟，鸾鸟自歌，凤凰自舞。爰有百兽，相
群爰处，百谷所聚。

（《大荒南经》）

有沃之国，沃民是处。沃之野，凤鸟之卵是食，
甘露是饮，凡其所欲，其味尽存，爰有甘华、甘柤、
白柳、视肉、三骓、璇瑰、瑶、碧、白木、琅玕、白
丹、青丹。多银铁。鸾鸟自歌，凤鸟自舞。爰有百兽，

相群是处。是谓沃之野。

（《大荒西经》）

西南黑水之间，有都广之野，后稷葬焉。爰有膏
菽、膏稻、膏黍、膏稷。（郭注：言味好，皆滑如膏。）
百谷自生，冬夏播琴。（郭注：言播殖也。）鸾鸟自歌，
凤鸟自舞，灵寿（木名）实华，草木所聚。爰有百兽，
相群爰处。此草也，冬夏不死。

（《海内经》）

这里的三个描写，实在只是一个意思；说来说去只是百谷自生，
鸾鸟自歌，凤凰自舞，百兽群处。这比较终北、华胥、列姑射
三地的描写中所表现的空灵幻美的想象，真有天渊之隔。《荒经》
及《海内经》本成于战国时代，杂有中部民族的神话，所以沃民、
都广之说，或者也是当时的传说，（载民在南方，沃民在西方；
都广之野，杨慎说是四川成都。合北方的终北，西北方的华胥，
东方的列姑射，是四方都有了。这使我们想象到中部人民对于辽
远的四方的观念，所以可信载民等也许是当时中部人民的神话，
不过是最简朴的原始形式罢了。）证以《吕氏春秋》及《淮南子》
均曾言及沃民和都广，则战国时确有此种神话。然而只是僵死的
神话，远没有终北等之美丽了。

第五章　巨人族及幽冥世界

希腊和北欧的神话都说天地开辟之初与神同时生于此世界者，有巨人族。希腊神话的巨人族名铁丹（Titans），实亦神乌拉奴司（Uranus，义为天）所生的子女，被乌拉奴司逐闭于北荒之塔塔罗司地下谷（因恐篡夺己位）。北欧的巨人族为冰巨人伊密尔（Ymir），与神蒲里同时产生于冰山中。这些巨人族都是代表"恶"的，都常与神争权，扰乱世界，而最后为神所征服。

中国神话内也有与希腊及北欧相当之巨人族。《山海经》的《大荒北经》说：

大荒之中，有山名曰成都载天。有人，珥两黄蛇，把两黄蛇，名曰夸父。后土生信，信生夸父。夸父不量力，欲追日景，逮之于禺谷，（即虞渊，日所入也。）
将饮河而不足也，将走大泽，未至，死于此。（郭曰：
渴死。）

又《海外北经》说：

> 夸父与日逐走，入日，渴欲得饮，饮于河、渭；
> 河、渭不足，北饮大泽，未至，道渴而死；弃其杖，化
> 为邓林。

这里所说的"与日逐走"也许是与神争霸的象征。从那"饮
于河、渭，河、渭不足"，反"弃其杖，化为邓林"而观，夸父
的巨伟多力，也就和希腊的巨人族差不多。又据《列子·汤问篇》
北山愚公移山的传说的末尾，有"帝感其诚，命夸娥氏二子负二
山，一厝朔东，一厝雍南"的句；"夸娥氏二子"，张湛注说是"古
之大力者"，我很疑惑"夸娥"即是"夸父"，所谓"夸娥氏二子"
实即巨人族夸父的后代。"夸父"是一个族名，等于希腊神的铁丹。
而夸娥氏二子负山的故事，也令人联想到希腊神话所说巨人族的
阿忒拉斯负地而立的神话。希腊神话说巨人族中亦有善者，神既
征服巨人族后，命其善者服务，命伯罗米修士创造人，命阿忒拉
斯负地。那么，在《列子》中做了帝的走卒似的"夸娥氏二子"，
大概也是善良的巨人族。

《大荒东经》又说：

应龙处南极，杀蚩尤与夸父，不得复上。

应龙或说是龙，但也许是神，他杀蚩尤的故事，下面就要讲到。此处要讲的，是既言夸父"道渴而死"，何以又言被应龙所杀？《大荒北经》的"夸父不量力，欲追日景"一条中，紧接着"将走大泽，未至，死于此"句下，又说："应龙已杀蚩尤，又杀夸父"，郭璞注曰："上云夸父不量力，与日竞而死，今此复云为应龙所杀，死无定名，触事而寄，明其变化无方，不可揆测。"这个解释，显然很附会。我以为这里可能的解释有两个：一是经文错简，二是夸父非一。《大荒北经》的"应龙已杀蚩尤，又杀夸父"二语，大概因错简而误增，《大荒东经》所说的夸父不是"逐日景"的夸父。如果我们假定"夸父"是族名，则我的解释也就可以通。可惜材料太少，不能多得证据。

上面说过夸父与日逐走，大概是巨人族与神争权的象征。中国的巨人族和神争斗的神话（假定原来是有的），已经逸亡到连断片也不存在了。差可目为是巨人族与神争权的神话材料的，乃是黄帝与蚩尤争战的传说。蚩尤的来历，《山海经》及其他古籍，都无记载；然就上引之夸父神话中两次把蚩尤和夸父牵连在一处，也不妨想象蚩尤是巨人族。又从"蚩尤"一词本身也像族名一点而言（这个下面就要讲到），则蚩尤也许又是巨人族的一支。

黄帝和蚩尤战争一事，《史记》亦有记载；司马迁虽然记了黄帝的事，却又说"荐绅先生难言之"，可知关于黄帝的神话，在当时之多而且奇！但黄帝既已完全历史化，所以蚩尤也历史化（虽然荐绅先生还保存了蚩尤能作大雾的荒诞之谈），黄帝和蚩尤的战争也历史化。我们现在可得的关于此事的材料，很少。《山海经·大荒北经》说：

　　大荒之中，有山名曰不句，海水入焉。有系昆之山者，有共工之台，射者不敢北向。有人衣青衣，名曰黄帝女魃。蚩尤作兵伐黄帝。黄帝乃令应龙攻之冀州之野。应龙畜水，蚩尤请风伯雨师，纵大风雨。黄帝乃下天女曰魃。雨止遂杀蚩尤。魃不得复上，所居不雨，叔均言之帝，后置之赤水之北。

这一段文字主要的目的在说明"女魃"，所以蚩尤和黄帝的战争的经过，只是鳞爪而已。后世的"好奇之士"虽然做了些"离经叛道"的书籍，很记录了些当时尚在民间流行的蚩尤和黄帝争战的神话，可是那些书已经逸亡，今就《御览》《路史》《绎史》等所引，则有下列的说法：

　　黄帝摄政，有蚩尤兄弟八十一人，并兽身人语，铜头铁额，食沙，造五兵，威振天下。黄帝以仁义，不能禁止蚩尤。天遣玄女下授黄帝兵符，伏蚩尤。

　　　　　　　　　　　　　　　　　　（《龙鱼河图》）

　　黄帝与蚩尤九战九不胜，有妇人人首鸟形，是为玄女，授黄帝战法。

　　　　　　　　　　　　　　　　　（《黄帝玄女战法》）

蚩尤铜头啖石，飞空走险。以馗牛皮为鼓，九击而止之，尤不能飞走，遂杀之。

（《广成子传》）

黄帝出师伐蚩尤于绝辔之野，以枹鼓为警。

（《云笈七签》）

白龙赤虎，战斗俱怒，蚩尤败走，死于鱼口。

（《焦氏易林》）

蚩尤作雾，黄帝作指南车。

（《春秋元命苞》）

黄帝与蚩尤战涿鹿之野，蚩尤作大雾。帝乃命风后作指南车，遂擒蚩尤。

（刘凤《杂俎》）

蚩尤出自羊水，八肱八趾疏首，登九淖以伐空桑，黄帝杀之于青丘。

（《归藏启筮》）

三代彝器多著蚩尤之像，以为贪虐之戒，其状如兽，附以两翼。

（《博古图》）

武帝时，太原有蚩尤神昼见，龟足蛇首。

（《汉书》）

轩辕之初立也，有蚩尤氏兄弟七十二人，铜头铁额，食铁石。轩辕诛之于涿鹿之野。蚩尤能作云雾。涿鹿今在冀州，有蚩尤神；俗云，人身牛蹄，四目六手。今冀州人掘地得髑髅，如钢铁者，即蚩尤之骨也。今有蚩尤齿，长二寸，坚不可碎。秦汉间说：蚩尤氏耳鬓如剑戟，头有角，与轩辕斗，以角抵人，人不能向。今冀州有乐名《蚩尤戏》，其民两两三三，头戴牛角而相抵。汉造角抵戏，盖其遗制也。

（《述异记》）

解州盐泽卤色正赤，在坂泉之下，俗谓之蚩尤血。

（《梦溪笔谈》）

有宋山者，……有木生山上，名曰枫木。枫木，蚩尤所弃其桎梏。（郭注：蚩尤为黄帝所得，械而杀之，已摘其械，化而为树也。）

（《大荒南经》）

黄帝杀蚩尤于黎山之丘，掷其械于大荒之中，化为枫木之林。

（王瓘《轩辕本记》）

综合上引各说，我们可以得到六个观念：（1）黄帝是代表"善"的，蚩尤是代表"恶"的；（2）蚩尤有超人类的能力，能作云雾，能请风伯雨师，纵大风雨；（3）蚩尤是"非人"的形相，兽身人语，铜头铁额，有两翅，或八肱八趾，或龟足蛇首；（4）蚩尤兄弟八十一人或七十二人；（5）黄帝不能胜蚩尤，有天女魃或玄女来助，白龙赤虎亦来助战；（6）杀蚩尤的传说曾经在民间流行而成为《蚩尤戏》，关于蚩尤附属物的传说有蚩尤血和桎梏所化的枫木。这六点，都帮助我们明了蚩尤的传说是中国古时一大史诗的材料，其性质确可比拟于其他民族神话中巨人族和神的战争。

蚩尤兄弟八十一人或七十二人之说，也使我们推想到"蚩尤"不是一人之名而是族名。因此我以为蚩尤也是巨人族之一。在原始神话中，也许是比夸父更为凶恶的巨人族，所以蚩尤的兄弟八十一人或七十二人是绝种了，而夸父一族尚有为帝负山的"夸娥氏二子"。

关于蚩尤的神话，现在只存了上引的断片，然在汉以前，即使没有巨大的史诗，一定也有许多记载；《汉书·艺文志》著录《蚩尤》二卷，大概就是记录蚩尤神话的书籍。又《隋志》尚著录《黄帝蚩尤兵法》二卷，则蚩尤神话的完全逸亡，大概在隋以后了。

由原始神话中的巨人族演化而来的，大概便是所谓龙伯大人之国。《列子·汤问篇》有一段很有趣味的记载是：

> 渤海之东，不知几亿万里，有大壑焉，实惟无底之谷，其下无底，名曰归墟。八统九野之水，天汉之流，莫不注之，而无增无减焉。其中有五山焉：一曰岱

舆，二曰员峤，三曰方壶，四曰瀛洲，五曰蓬莱。其山高下周旋三万里，其顶平处九千里。山之中间相去七万里，以为邻居焉。其上台观皆金玉，其上禽兽皆纯缟，珠玕之树皆丛生，华实皆有滋味，食之皆不老不死，所居之人，皆仙圣之种，一日一夕，飞相往来者，不可数焉。而五山之根，无所连着，常随波上下往还，不得暂峙焉。仙圣毒（病也）之，诉之于帝，帝怒，流于西极，失群圣之居，乃命禺彊，使巨鳌十五，举首而戴之，迭为三番（更代也），六万岁一交焉。五山始峙。而龙伯之国有大人，举足不盈数步而暨五山之所，一钓而连六鳌，合负而趣归其国，灼其骨以数（算计也）焉。于是岱舆、员峤二山流于北极，沉于大海，仙圣之播迁者巨亿计。帝凭（大也）怒，侵减龙伯之国使阨，侵小龙伯之民使短。至伏羲神农时，其国人犹数十丈。

《列子》虽是伪书，但这一个故事是很老的。《楚辞·天问》说："鳌戴山抃，何以安之？"便是和这个传说吻合。又关于禺彊，《山海经》说是大荒中北极之神，人面鸟身，役使灵龟。大人之国名龙伯，却是未见于他书；然《山海经》屡言有大人之国，恐怕就是这龙伯的一类的神话：

　　　　大人国在其北，为人大，坐而削船。

（《海外东经》）

> 东海之外，大荒之中……有波谷山者，有大人之
> 国，有大人之市，名曰大人之堂，有一大人踆（蹲也）
> 其上，张共两耳。

（《大荒东经》）

又据张华《博物志》云：

> 大人国，其人孕三十六年，生白头，其儿则长大，
> 能乘云而不能走，盖龙类。去会稽四万六千里。

这里说的"龙类"一语，似乎与龙伯有些关系。张华是晋人，《列子》的伪作时代大概也是晋代，因此我们可以推想龙伯大人之国一类的传说必已早有，未必是伪造《列子》者仅凭《天问》与《山海经》所记而凭空加以杜撰的。

上文讲到夸父的时候，曾引《山海经》："后土生信，信生夸父。"据《楚辞·招魂》：后土是主治地下幽都的神。希腊神话说巨人族被闭居于北方的地下穴名塔塔罗司，中国神话则以为巨人族和"后土"有血族关系。《山海经》的《海内经》说：

> 北海之内，有山，名曰幽都之山。黑水出焉。其
> 上有玄鸟，玄蛇，玄豹，玄虎，玄狐蓬尾。有大玄之
> 山，有玄丘之民（郭注：言丘上人物尽黑也），有大幽
> 之国，有赤胫之民。（郭注：膝以下尽赤色。）

这里所说"幽都"之内，凡物皆黑，颇与希腊神话中说的冥国内阴惨无光相仿，原始人对于死后世界的观念大都是很惨厉的。但是《山海经》的"幽都"神话并不完全。《招魂》说：

魂兮归来，君无下此幽都些。（王逸注：地下幽冥，故称幽都。）土伯九约，（王逸注：土伯，后土之侯伯也。约，屈也。）其角譻譻些。（王逸注：言地下有土伯执卫门户，其身九屈，有角譻譻，主触害人也。譻譻，利貌。）敦脄血拇，（敦，厚也；脄，背也；拇，手拇指也。）逐人駓駓些。（駓駓，走貌。）参目虎首，其身若牛些。

参目虎首，其身若牛的土伯便是幽都的守卫者，仿佛等于北欧神话中守卫地狱门的狞狗加尔姆。中国大概也有极完备的冥土神话，可是现在只存留了上述的二断片，我们只能望见幽都的门口的守卫者土伯，弯着九曲的身体，摇晃着一对利角，参目虎首，张开了满涂人血的手指赶逐人。幽都之内有什么，后土是怎样一个状貌，原来大概一定有，可是现在全都佚失了。后代的书籍讲到冥土的故事极多，然而大抵掺入了佛教思想、印度神话，已经不是中国民族的神话的原样子。佛教在中国的兴盛，恐怕是中国本有的冥土神话绝灭无存的最大原因了。

第六章　自然界的神话及其他

自然界的神话即是解释一切自然现象的神话；其范围甚广，从解释天体、昼夜、日月、群星、风、雷、雨、雪、云、霞，直至鸟兽草木的形状等等，都是自然界的神话。现代文明民族在原始时代，便有探求宇宙的秘密的野心；现代的野蛮民族也有这野心。例如希腊民族看见鸟有各种颜色，花也有各种颜色，便觉得很奇怪，渴要求其理由；他们的原始思想，只能创造神话以代解释，于是他们就说凡鸟兽草花的颜色本来是白的，其所以有各色，是为了特种的原因，他们就创造一个神话来说明那原因。所有的自然界的神话，差不多都是这样发生的。

我们的自然界神话也是极丰富的。虽然不免零碎，而且缺乏系统；可是也尽有许多美丽的想象和高贵的理想。为叙说的便利起见，可以分为三类：（1）是关于日月星辰风雷山川等自然现象的；（2）为关于禽兽草木的；（3）关于特种对于自然界的原始信仰。下面就依次的先讲一讲最重要的自然现象的神话。

太阳神在各民族神话中是极重要的一位。希腊神话中的太阳神并有艺术、音乐、医药等职务。他每天驾金车巡行天空，他有美丽的宫在东方，他有许多侍女名为 Aurora（黎明女神或霞之女神）为他速驾。在希腊神话中，太阳神是一位最漂亮的神。中国神话的太阳神虽然没有那么了不得，却也不弱。《离骚》说：

吾令羲和弭节兮，望崦嵫而勿迫。

王逸注云："羲和，日御也。"又说："崦嵫日所入山也；下有蒙水，水中有虞渊。"可知中国的太阳神也是乘车的。再看《淮南子》，那就说得更详。《天文训》云：

日出于旸谷，浴于咸池，拂于扶桑，……至于悲泉，爰止其女，爰息其马，是谓悬车。……日入于虞渊之氾。

《太平御览》引此作"爰止羲和，爰息六螭，是谓悬车"。螭是龙类，据说无角的龙谓之螭，可想而知是怎样雄伟奇美的东西了。太阳神所乘的车子就驾以这样的螭六条，从东方的旸谷（按《天问》：出自汤谷，与此异）出发，到了西方的悲泉，就休息了，太阳神乃进了虞渊。虞渊是在崦嵫山下，所以崦嵫是日入之山。

"扶桑"，《说文》作"榑桑"，云是"神木，日所出"。《山海经·海外东经》云："汤谷上有扶桑，十日所浴；在黑齿北，居水中，有大木，九日居下枝，一日居上枝。"则是日所出处，有扶桑神木了。（十日之说，下面就要讨论到。）《离骚》又云：

折若木以拂日兮。

王逸注说："若木在昆仑西极，其华照下地。"但《天问》的"羲和之未扬，若华何光？"句下王逸的注，却又谓"言日未出之时，若木何能有明赤之光华乎？"显然自己矛盾。《山海经》说"灰野之山，有树，青叶赤华，名曰若木，日所入处"。《淮南子·天文训》说："若木在建木西，末有十日，其华（犹光也）照下地。"据此而观，似乎"若木"是日所入处的神木，相当于日出处的扶桑。这里有一可注意之点，即羲和既为"日御"，那么，太阳神是什么名字，什么形状呢？（关于羲和是否日御一点，下面也就要再讨论。）据《离骚》及《淮南子》，好像太阳神是一个赤热的火球，羲和将它搁在车子上，驾起了龙，从旸谷出发，在咸池洗浴后，直往西走，到了崦嵫，羲和回车，而赤热的火球似的太阳也就滚到蒙水深处的虞渊去了。但是把太阳神（或太阳）只看成一个赤热的火球，决不是原始人所能的。太阳神一定要是一个神。这个，我们在《楚辞·九歌》的《东君》内找到了。《东君》说：

暾将出兮东方，照吾槛兮扶桑；抚余马兮安驱，
夜皎皎兮既明；驾龙辀兮乘雷，载云旗兮委蛇。长太息

兮将上，心低徊兮顾怀；羌声色兮娱人，观者憺兮忘
归。……青云衣兮白霓裳，举长矢兮射天狼，操余弧兮
反沦降，援北斗兮酌桂浆。

东君就是太阳神，驾龙辀，载云旗，青的衣，白的裙，举长矢射
天狼，那是何等的俊伟威武呀！把太阳神想象是一个善射者，或
者想象他的武器是弓箭，也是常见的事；因为太阳的光线射来便
容易使原始人起了弓箭的想象，故据《九歌》的太阳神，是勇武
好善的；天狼当然是"恶"的象征了。但是没有羲和为日御的话
头。《九歌》原是楚民间祀神之歌，因而我疑惑《九歌》的《东君》
是中部人民太阳神话，而羲和云云（如《离骚》所载）或者是北
方神话而行于楚的。但是没有充足证据，不敢十分断定。

　　羲和是日御，已如上述；但《山海经》又有不同的记载。《大
荒南经》云：

　　东南海之外，甘水之间，有羲和之国，有女子名
曰羲和，方浴日于甘渊，羲和者帝俊之妻，生十日。

据此说，羲和不但是女子，而且是太阳的母亲，而且太阳有十
个。关于"十日"，古籍中记载很多，例如上文所引《山海经》
言及扶桑时，就说着"九日居下枝，一日居上枝"的话；又《淮
南·天文训》中言及"若木"，亦谓有十日；又《庄子》亦谓"昔
者十日并出，草木焦枯"。《淮南·本经训》说："十日并出，焦
禾稼，杀草木……尧乃使羿，……上射十日"；《天问》中"羿焉

弶日？乌焉解羽？"注谓："羿仰射十日，中其九日，日中九乌皆死，堕其羽翼"。《山海经》也谓"日中有乌"。这些异说，颇与《东君》内的尊严的太阳神抵触。并且十日之说，在别的民族的神话里也没有的。从前有许多人说"十日"非真日，或竟加以历史的解释，如谓十日乃扶桑君的十子，但都不能令人满意。杨慎《山海经补注》以为"十日"便是"自甲至癸"的天干；此说颇为新奇可喜，但是太附会了。杨慎不知道神话是发生在原始时代，那时候无所谓"支干"。我们现在从人类学解释法的立场而观，"十日并出"之说大概也是从原始时代的生活经验发生的：史称汤之时有七年大旱，也许就是这种太古有史以前的大旱，便发生了"十日并出，焦禾稼，杀草木"的神话，犹之印度神话说旱魃以肥田之水深藏山谷，致使世界大旱，地上生物枯死，后雷神音达拉杀旱魃，放出被藏之水，世界乃庆更生。

再说到羲和的问题。《山海经》说羲和是帝俊之妻，生了太阳的；《离骚》和《淮南》都说是"日御"。但我们得注意，《离骚》和《淮南》的本文都不曾指明羲和是"日御"，并且《九歌》的《东君》里也没说到"羲和"；说羲和是"日御"的，始于王逸，逸是后汉顺帝时人。《淮南子·天文训》今本作"爱止其女"，《太平御览》引之，始作"爱止羲和"。高诱注《淮南子》此句下无注，如果《淮南》原文作"爱止羲和"，高诱应该有注解。诱是后汉末年人。所以我们很可以说《淮南》本文或者正作"爱止其女"，后人因其费解，遂亦有据王逸《楚辞》注而改为"爱止羲和"之一本。如果承认了这个假定，则羲和为日御一说，也许发生于西汉以后了。此太阳神话之本来面目或者竟如《山海经》所称羲和乃太阳之母，况且郭璞注《山海经》亦只谓"羲和，天地始生主日月者也"，未言其为"日御"，这又是一个旁证。

关于月亮的神话，没有太阳那么多。《山海经·大荒西经》云：

> 大荒之中，有山，名曰日月山，天枢也。……有女子方浴月。帝俊妻常羲生月十有二，此始浴之。

郭璞注说："义与羲和浴日同"。又"常羲"，《吕氏春秋》作"尚仪"，毕沅注谓：尚仪与嫦娥音通。《路史》谓"高辛氏次妃常羲生而能言，发迍其踵，是归高辛，生太子庚及月十二"。杨慎解释为"十二月"，谓是"自子至亥"的十二地支。我们现在推想起来，"十二月"大概是原始的天文学的遗形。可注意的是生此十二月之女子"常羲"是否像毕沅所说即是嫦娥。据《淮南子·览冥训》说：

> 羿请不死之药于西王母，姮娥窃以奔月。

高诱注："姮娥，羿妻。羿请不死之药于西王母，未及服之，姮娥盗食之，得仙，奔入月中为月精。"姮娥即是嫦娥。羿这个人，久已成为议论纷争的焦点：《楚辞》中有自相冲突的关于羿的记载，《淮南》亦然。羿，一方面是救下民的神，一方面是荒淫无道的诸侯（关于羿，下章还要详细讨论的）。嫦娥为羿妻一事，仅见于《淮南》，也就本可怀疑。然而这个"奔月"的神话已成为后代文人所常常引用，我们只好承认了。《楚辞·天问》里说：

夜光何德？死则又育。厥利维何，而顾菟在腹！

王逸注："夜光，月也；育，生也。言月何德于天，死而复生？"
月有盈亏的现象，自是原始人疑问的张本。但似乎中国并没关于
解释月的盈亏的神话，所以屈原也没提起。"菟"就是"兔"，王
逸的注释是："言月中有菟，何所贪利，居月之腹而顾望乎？"
言月中有兔，确是中国特有的神话，并且很费解。后人有许多的
解释，如《古今注》云"兔口有缺"，是从形状上解释月与兔的
关系；《博物志》谓"兔望月而孕，自吐其子"，更是从原始的生
理学来加以解释了。然而这都是等于不解释。这月中有兔的神话
竟和日中有乌一样是不可解的谜，只得存而不论了。晋傅玄的
《拟天问》有这么一句：

月中何有？白兔捣药！

这就可见到了晋时，月中白兔已有"捣药"的工作给新加上去了。
然而说月亮也像太阳一样的有一个御者，《楚辞》中亦曾言之。《离
骚》云：

前望舒使先驱兮。

王逸注说"望舒，月御也"；据《淮南子》，则"月御"又名"纤
阿"。在这里，我们看见了月亮的神话在秦汉之交已经有多少矛
盾；既说嫦娥奔入月中为月精，已是把月亮看作可居的星球，但

又说有"月御"望舒，则是仍把月亮作为神（原始人决不把天空诸体视为实物，原始人看来，日月星等发光体只是神之能力的表现），可知增饰已多。到了唐代，月亮里就更加热闹了；那时月亮已为完完全全可以住人的星球。唐段成式的《酉阳杂俎》说：

旧言月中有桂，有蟾蜍。故《异书》言月桂高五百丈，下有一人常斫之，树创随合。人姓吴名刚，西河人，学仙有过，谪令伐树。释氏书言须弥山南面有阎扶树，月过，树影入月中；或言月中蟾、桂，地影也；空处，水影也。——此语差近。

太和中，郑仁本表弟，不记姓名，常与一王秀才游嵩山，扪萝越涧，境极幽夐，遂迷归路。将暮，不知所之。徙倚间忽丛中鼾睡声，披榛窥之，见一人布衣甚洁白，枕一袱物方睡熟。即呼之曰："某偶入此径迷路，君知向官道否？"其人举首略视不应，复寝。又再三呼之，乃起坐，顾曰："来此。"二人因就之，且问其所自。其人笑曰："君知月乃七宝合成乎？月势如丸，其影日烁，其凸处也。常有八万二千户修之。予即一数。"因开袱，有斤凿数事，玉屑饭两裹；授予二人曰："分食此，虽不足长生，可一生无疾耳。"乃起二人，指一支径："但由此自合官道矣！"言已不见。

在这两段记事中，很可以看出月亮神话的修改增饰，到唐代尚方兴未艾。后来托名柳宗元作的《龙城录》（唐《艺文志》不著录；

《朱子语录》谓为王铚所伪作，且指摘其伪作之痕迹。）里便有唐明皇游月宫的故事，现在也抄下来：

> 开元六年，上皇与申天师、道士鸿都客，八月望日夜，因天师作术，三人同在云上游月中。过一大门，在玉光中飞浮宫殿，往来无定，寒气逼人，露濡衣袖皆湿。顷，见一大宫府，榜曰"广寒清虚之府"。其守门兵卫甚严，白刃粲然，望之如凝雪。时三人皆止其下，不得入。天师引上皇起，跃身如在烟雾中，下视玉城崔巍，但闻清香霭郁，视下若万里琉璃之田，其间见有仙人道士，乘云驾鹤，往来若游戏。少焉，步向前，觉翠色冷光，相射目眩，极寒不可进。下见有素娥十余人，皆皓衣，乘白鸾，往来舞笑于广寒大桂树之下。又听乐音嘈杂，亦甚清丽。上皇素解音律，熟览而意已传。顷，天师亟欲归，三人下若旋风。

这一段故事正和汉武会见西王母的传说一般，同是道士的荒唐话，而且也和西王母传说一般同为后人所喜用，也是到了此时，尚留在民间口头的原始月亮神话便完全僵死了。

太阳出自旸谷，入于崦嵫，那是上文已经说过的了。月亮的出入地点，古书无记载。然《山海经》言日月出入之处甚多。杨慎《补注》云："《山海经》记日月之出者七；日月所入，五；日月所出入，一。其记日月之出也：曰大言山，曰合虚山，曰明星山，曰鞠陵山，曰汤谷扶木，曰猗天苏门山，曰壑明俊疾山，皆在《大荒东经》。其记日月之入，曰丰沮玉门山，曰日月山，曰鏖鏖巨山，曰常阳山，曰大荒山，皆在《大荒西经》。……其记日月所出入，一：在《大荒西经》之方山，柜格之松。考之《淮南子》，日所出入，又多不同。"为什么关于日月的出入会有那么许多不同的说法，现在已经不能详考，只好存而不论。又《山海经·大荒西经》云：

> 西北海之外，大荒之隅，……有人名曰石夷，来风曰韦，处西北隅，以司日月之短长。
>
> 颛顼生老童，老童生重及黎；帝命重献上天，令黎邛下地；下地是生噎，处于西极，以行日月星辰之行次。

郭璞注曰："古者人神杂扰无别，颛顼乃命南正重司天，以属神，命火正黎司地，以属民。重实上天，黎实下地。献、邛，义未详也。"司日月短长及司日月星辰之行次，在原始人看来是应该有神的。但除上举之简短的记述外，更没有别的材料以资考证了。

风云雷雨的神话，我们现在也只存得断片了。《离骚》云：

> 吾令丰隆乘云兮。

王逸注谓"丰隆，云师，一曰雷师"。《九歌·云中君》注："云神丰隆也，一曰屏翳。"《天问》之"蓱号起雨"句下，王逸注又谓"蓱，蓱翳，雨师名也"。三说自相矛盾。今按《淮南子·天文训》云："季春三月，丰隆乃出，以将其雨。"则丰隆固为雷师。张衡《思玄赋》："丰隆轷其震霆，云师礔以交集"，亦以丰隆为雷师。《穆天子传》云："天子升昆仑，封丰隆之葬。"郭璞注谓"丰隆为雷师"。《山海经·海内东经》谓"雷泽有雷神，龙身而人头，鼓其腹"，未言其名。《淮南子》同。《山海经》又称"屏翳在海东，时人谓之雨师"；司马相如《大人赋》"召屏翳，诛风伯，刑雨师"。注云"屏翳，天神使也"。《洛神赋》"屏翳收风"，则又为风师。《搜神记》谓"赤松子为神农时雨师"；《风俗通》又谓"玄冥为雨师"。可知晋以前对于"丰隆"和"屏翳"二名之代表极不一致。现在我们姑且依《楚辞》，以丰隆为云师，因为关于云的神话，还是《楚辞》里多些。《云中君》云：

> 龙驾兮帝服，聊翱游兮周章。灵皇皇兮既降，猋
> 远举兮云中；览冀州兮有余，横四海兮焉穷！

这说云神驾龙周游天下，往来极快，无所不见，和希腊神话里的太阳神一样。但是亦就尽于此了。《山海经》内言有能兴云雨的神，如《中山经》所记的泰逢和计蒙：

> 又东二十里曰和山，其上无草木而多瑶碧，实惟河之九都；是山也，五曲；九水出焉，合而北流，注于河，其中多苍玉，吉神泰逢司之。其状如人而虎尾（郭云：或作雀尾），是好居于黄水之阳，出入有光。泰逢神，动天地气也。（郭云：言其有灵爽能兴云雨也。）

又东百三十里曰光山；其上多碧，其下多木。神
计蒙处之。其状人身而龙首，恒游于漳渊，出入必有
飘风暴雨。

然而这两位神都不是专司云雨的。雨师屏翳（据《楚辞》的说法）
现惟存其名，关于他的神话，全都散失了。干宝《搜神记》云：

赤松子者，神农时雨师也。服冰玉散，以教神农，
能入火不烧。至昆仑山，常入西王母石室中，随风上
下；炎帝少女追之，亦得仙去。至高辛时，复为雨师，
遊人间。今之雨师本是焉。

这又显然就是后世道士的神仙之谈，不是原始神话。《山海经》
又记有风云所出的山。《西山经》云：

又西二百里，曰符惕之山；其上多棕枏，下多金
玉，神江疑居之。是山也，多怪雨，风云之所出也。

江疑也许就是云神或雨师，但亦无从考证。至于风的神话，《离
骚》曾云：

后飞廉使奔属。

王逸注："飞廉，风伯也。"《吕氏春秋》亦谓"风师曰飞廉"。洪

兴祖云："应劭曰，飞廉神禽，能致风气。晋灼曰，飞廉鹿身，头如雀，有角而蛇尾豹纹。"《山海经·南山经》云：

> 又东四百里，至于旄山之尾，其南有谷曰育遗，多怪鸟，凯风自是出。
>
> 又东四百里，曰令丘之山，无草木，多火，其南有谷焉，曰中谷，条风自是出。

凯风就是南风，条风就是东北风。把风想象作为藏在一个山谷里，待到必要时它就出来，古希腊人也有这样的思想。风既然藏在山谷里，故必有司风出入的神。《山海经》云：

> 名曰折丹（郭云神人），……处东极，以出入风。
>
> （《大荒东经》）

> 有神名曰因，……处南极，以出入风。
>
> （《大荒南经》）

《山海经》没有飞廉，而《大荒东南经》记司风出入的神，又是很简陋，很有脱误。因此我们现存的关于风的神话，比云雨还要少些。其他如露，霜，雪，霞等等，更全无神话遗下来。《淮南·天文训》有"青女以降霜雪"的一句话。关于雷的神话，《山海经》和《淮南子》所记相同，《海内东经》云：

> 雷泽中有雷神，龙身而人形，鼓其腹。

海与河的神话，也是各民族所必有的；但也许我们的民族最初是住在西北平原的缘故，海的神话就比较河的神话为少。《山海经·大荒东经》云：

> 黄帝生禺䝞，禺䝞生禺京。禺京处北海，禺䝞处
> 东海：是惟海神。

不言南海和西海，也是我们民族原始时代生活经验的结果。禺䝞和禺京，据《山海经》的文字而观，显然是黄帝的子孙，不是什么兽形的妖怪。把海神想象为龙类，大概盛于唐代（李朝威的《柳毅传》说洞庭君与钱塘君均为龙王），原始思想只把龙现为牛马一样的东西，给神们驾车代步的。便是海以外的水伯、河神，也都不是龙，而是兽样的神或人。《海外东经》说：

> 朝阳之谷，神曰天吴，是为水伯，在蚕蚕北两水
> 间；其为兽也，八首人面，八足八尾，皆青黄。

《大荒东经》则谓"盖余之国有神人，八首人面，虎身十尾"，与《海外东经》异，然亦未言其为龙形。《山海经》虽言天吴是水伯，然而我们推想起来，大概只是普泛的水神，相当于火神的祝融之类，而不是专司河海的水神；黄河以及其他大河，各另有其主管的神。《穆天子传》说：

天子西征，至于阳纡之山，河伯无夷之所都居。

"无夷"，《山海经》作"冰夷"，说是居于"中极之渊，深三百仞"，"人面而乘两龙"。《淮南子》作"冯迟"。《楚辞·天问》云：

胡射夫河伯，而妻彼雒嫔？

王逸注谓"雒嫔，水神，谓宓妃也"，而不言河伯何名。又引传说的河伯化为白龙游于水旁，被羿所射的故事。《淮南子》谓"河伯溺杀人，羿射其左目"，是则神话中之有河伯，盖无疑义。《楚辞·九歌·河伯》一篇算是现存最好的河伯神话：

与女游兮九河，冲风起兮横波；乘水车兮荷盖，驾两龙兮骖螭。登昆仑兮四望，心飞扬兮浩荡。日将暮兮怅忘归，惟极浦兮寤怀！鱼鳞屋兮龙堂，紫贝阙兮朱宫，灵何为兮水中！乘白鼋兮逐文鱼，与女游兮河之渚，流澌纷兮将来下。子交手兮东行，送美人兮南浦；波滔滔兮来迎，鱼鳞鳞兮媵予。

《九歌》虽是南中祀神之歌，但可信也杂有北方的神话；这里所谓"河伯"，从"与女游兮九河"及"登昆仑兮四望"等句看来，大概是指黄河神。据这一篇看，河伯的生活是很快乐的；大概当初又有河伯的恋爱神话，所以此篇中亦有恋爱的痕迹，也许后人所传"河伯娶妇"的故事（西门豹）即是就此演化的。

河以外，洛水也有神。上文已引《天问》中语"而妻彼雒嫔"，王逸注谓"雒嫔，水神，谓宓妃也"。但《离骚》"求宓妃之所在"句下，王逸注又仅言"宓妃，神女"。后来《洛神赋》注，谓"宓妃，伏羲氏女，溺洛水而死，遂为河神"。"宓"与"伏"，古通；伏羲亦作"宓羲"，故此谓"宓妃，伏羲氏女"，疑从一"宓"字附会的。王逸注"吾令蹇修以为理"句下，谓"蹇修，伏羲氏之臣，……伏羲时敦朴，故使其臣也"。可见王逸时尚无宓妃为伏羲氏女之说，所以王逸仅言因为伏羲时敦朴，故使其臣。洛是大水，又与东周之都洛阳密连，所以洛水女神的神话一定不少，可是不知道什么原因，《山海经》内未言及宓妃，而秦汉以前的书亦少言及，只就《离骚》所引，尚可得一大概。《离骚》说：

> 吾令丰隆乘云兮，求宓妃之所在。解佩纕以结言
> 兮，吾令蹇修以为理。纷总总其离合兮，忽纬繣其难
> 迁。夕归次于穷石兮，朝濯发乎洧盘。保厥美以骄傲
> 兮，日康娱以淫游。虽信美而无礼兮，来违弃而改求。

这便是说宓妃虽然好洁而美，但骄傲淫游，所以终于"违弃而改求"。我们推想起来，当时关于宓妃的神话一定也含有多少恋爱成分，而且把宓妃说成了"日康娱以淫游"，故屈原引用以喻己意；而且曹植也是因此而借洛神来寄托自己的恋情，从文人的作品里，我们可以想象洛神神话的原始形式与性质，但洛神神话所存者亦只有鳞爪了。

河洛既有神，沅湘自然也应该有了。《楚辞·九歌》有《湘君》

及《湘夫人》二篇，王逸以为"湘君"是湘水之神，而"湘夫人"则为尧之二女舜之二妃。然刘向《列女传》谓舜陟方，死于苍梧，二妃死于沅湘之间，俗谓之湘君。此以"湘君"为尧之二女了。郑众注《礼记》，谓"《离骚》所歌湘夫人，舜妃也"，又与《列女传》所记不同。《山海经·中山经》云："又东南一百二十里，曰洞庭之山……帝之二女居之。"郭璞注曰："天帝之二女而处江为神，即《列仙传》江妃二女也；《离骚·九歌》所谓湘夫人称帝子者是也。"郭璞对于旧说以湘夫人为舜二妃一说，认为不妥；盖谓帝舜之后，不当降小水为其夫人，故解释二女乃天帝之女。这又是第三种的说法了。洪兴祖则以为郭璞和王逸的话都不对，他说："尧之长女娥皇为舜正妃，故曰君；其二女女英自宜降曰夫人也。故《九歌》词谓娥皇为君，谓英帝子，各以其盛者推言之也。"这是第四种解释。四者之中，我是倾向于王逸的议论。湘君是湘水的水神，湘夫人是居于湘水的女神，无论是舜之二妃也好，帝之二女也好，总之，并不一定要与湘君有夫妇关系，如郭璞所谓"不当降小水为其夫人"。《列女传》既云二妃死于沅湘之间，俗谓之湘君，郑众亦调"《离骚》所歌湘夫人，舜妃也"，可知由来已久，我们不妨承认他。我们再看《湘君》篇内说：

君不行兮夷犹，蹇谁留兮中洲。美要眇兮宜修，沛吾乘兮桂舟。令沅湘兮无波，使江水兮安流。望夫君兮未来，吹参差兮谁思！

驾飞龙兮北征，遭吾道兮洞庭。薜荔拍兮蕙绸，荪桡兮兰旌。望涔阳兮极浦，横大江兮扬灵！扬灵兮未极，女嬋媛兮为余太息。横流涕兮潺湲，隐思君兮悱侧。桂櫂兮兰枻，斫冰兮积雪。采薜荔兮水中，搴芙蓉兮木末。心不同兮媒劳，恩不甚兮轻绝。石濑兮浅浅，飞龙兮翩翩。交不忠兮怨长，期不信兮告余以不闲。

鼌（早也）骋骛兮江皋，夕弭节兮北渚。鸟次兮屋上，水周兮堂下。捐余玦兮江中，遗余佩兮澧浦。采芳洲兮杜若，将以遗兮下女。时不可兮再得，聊逍遥兮容与。

《九歌》本是祭神之歌，所咏者有神的行事，亦杂以祭者期望恐惧的心理。《湘君》的首段便是表白此种心理；惧神不降，故云"君不行兮夷犹，蹇谁留兮中洲"。第二段是叙述湘水神的故事，假为湘君自己的口物。第三段同，然已言湘君不再期待其所待者，将降至人间了。这里所述湘君的故事也只有恋爱，大概这也是当时很流行的神话。《湘夫人》云：

帝子降兮北渚，目眇眇兮愁予。

嫋嫋兮秋风，洞庭波兮木叶下。登白薠兮骋望，与佳期兮夕张。鸟何萃兮薠中，罾何为兮木上？沅有芷兮澧有兰，思公子兮未敢言。荒忽兮远望，观流水兮潺湲。麋何食兮庭中，蛟何为兮水裔？

朝驰余马兮江皋，夕济兮西澨。闻佳人兮召予，将腾驾兮偕逝。筑室兮水中，葺之兮荷盖，荪壁兮紫坛，菊（播）芳椒兮成堂，桂栋兮兰橑，辛夷楣兮药房。罔薜荔兮为帷，擗蕙櫋兮既张。

白玉兮为镇，疏石兰兮为芳，芷茸兮荷屋，缭之兮杜衡，合百草兮实庭，建芳馨兮庑门。

九嶷缤兮并迎，灵之来兮如云。捐余袂兮江中，遗余褋兮澧浦。搴汀洲兮杜若，将以遗兮远者。时不可兮骤得，聊逍遥兮容与。

这也有若干恋爱的成分，我们推想起来，中部的神话一定有许多恋爱故事，屈原所引用的，如《离骚》中的宓妃和有娀佚女，都属于此类；可惜后人都解作思君的寓言，从王逸起就把当时的神话材料全都抛弃不引以为解释，到现在就成了似通不可通的文章。

希腊神话里有山林水泉的小女神名为 Nymphe（义曰新妇），《九歌》中的《山鬼》，即与之相当。我们看《山鬼》的描写：

若有人兮山之阿，被薜荔兮带女萝；既含睇兮又宜笑，子慕予兮善窈窕。乘赤豹兮从文狸，辛夷车兮结桂旗。被石兰兮带杜衡，折芳馨兮遗所思。

余处幽篁兮终不见天，路险难兮独后来。表独立兮山之上，云容容兮而在下，杳冥冥兮羌昼晦。东风飘兮神灵雨，留灵修兮憺忘归，岁既晏兮孰华予！

采三秀兮于山间，石磊磊兮葛蔓蔓。怨公子兮怅忘归，君思我兮不得闲。山中人兮芳杜若，饮石泉兮荫松柏；君思我兮然疑作。

　　雷填填兮雨冥冥，猨啾啾兮狖夜鸣，风飒飒兮木
萧萧，思公子兮徒离忧。

我们读了这一篇，想象到当时沅湘之间林泉幽胜的地方，有这些
美丽多情的"山鬼"点缀着，真是怎样的一个神话的世界了。照
例这些女神的故事是恋爱；所以《山鬼》中言"折芳馨兮遇所思"，
又言"岁既晏兮孰华予"，终言"思公子兮徒离忧"了。

　　最后，我们要讲到星的神话。从"女孛""天狼""天狗"等
简单的传说而观，星的神话也很发达。现所存最完整而且有趣味
的星神话，是牵牛织女的故事。见于书上的这个神话的最早形
式，大概要算《诗经·小雅·谷风之什·大东》里的一段：

　　维天有汉，监亦有光；跂彼织女，终日七襄；虽
则七襄，不成报章。

毛苌说"汉"或是"河汉"，就是"天河"，所以此所谓"织女"
当然是指天河旁的织女星座了。但《大东》里并无"牵牛"，亦
无恋爱的故事，这大概因为恋爱的描写与该诗全体意旨不侔，所
以诗人取了断章取义的引用。《古诗十九首》里的《迢迢牵牛星》
就说得很明白：

　　迢迢牵牛星，皎皎河汉女；纤纤擢素手，札札弄
机杼，终日不成章，泣涕零如雨。河汉清且浅，相去

复几许，盈盈一水间，脉脉不得语。

曹子建的《九咏》也讲到牵牛织女的故事。谢惠连的《七月七日夜咏牛女诗》说：

> 云汉有灵匹，弥年阙相从；迢川阻昵爱，修渚旷清容。弄杼不成藻，耸辔鸶前踪；昔离秋已两，今聚夕无双……

这是说牵牛和织女是一年一会了。梁吴均的《续齐谐记》云：

> 桂阳成武丁有仙道，常在人间。忽谓其弟曰："七月七日，织女渡河，诸仙悉还宫，吾向以被召，不得停，与尔别矣。"弟问："织女何事渡河？去当何还？"答曰："织女暂诣牵牛。吾复三年当还。"明日，失武丁。至今云七月七日织女嫁牵牛。

又《风俗记》及《荆楚岁时记》并记此事：

> 织女七夕当渡河，使鹊为桥，相传七日鹊首无故皆髡，因为梁以渡织女故也。
>
> 　　　　　　　　　　　　　　　　（《风俗记》）
>
> 天河之东有织女，天帝之子也；年年织纴劳役，织

成云锦天衣。天帝怜其独处，许嫁河西牵牛郎，嫁后
遂废织。天帝怒，责令归河东，使一年一度相会。

（《荆楚岁时记》）

可见牵牛与织女的故事是渐渐演化成的。然李后主诗云："迢迢
牵牛星，杳在河之阳；粲粲黄姑女，耿耿遥相望"，则织女又名
黄姑。《艺文类聚》载《古歌》云："东飞伯劳西飞燕，黄姑织女
时相见。"宋张邦基《墨庄漫录》谓"古诗'黄姑织女时相见'
之句，此所云黄姑，即河鼓也，吴音讹而然"。周密《癸辛杂识》
谓：七夕牛女渡河之事，古今之说多不同，非惟不同，而二星之
名莫能定。白居易《六帖》引乌鹊填河事，云出《淮南子》（今
本无之），则在汉初此故事已经完备了。

　　上面说的，都是关于日月星辰风雷云雨河海的神话，都是属
于自然现象的；现在我们要说自然现象的别一部分，即关于鸟兽
鱼虫草木的神话。这一部分的传说很多，也有若干是后起的，例
如说舜之二妃哭舜，泪洒在竹上，成为斑点，即今之"湘妃竹"。
像这一类后起的传说，未始不是中国神话的一支，但是在此小册
子内容受不下，我们只好略过，仅举较古的传说了。即使是较古
的，现在也只能举其重要者。

　　先讲典型的人化为动物的神话。《山海经·北山经》说：

　　又北二百里，曰发鸠之山，其上多柘木；有鸟焉，
其状如乌，文首白喙赤足，名曰精卫，其鸣自詨（叫
也），是炎帝之少女，名曰女娃。女娃游于东海，溺而

不返，故为精卫，常衔西山之木石，以堙于东海。

《博物志》亦记此事，同《山海经》。《述异记》谓："炎帝女溺死东海中，化为精卫，一名誓鸟，一名宛禽，一名志鸟，俗名帝女雀。"陶潜《读〈山海经〉诗》："精卫衔微木，将以填苍海。"这精卫鸟的壮志也就很可佩服了。又《海外西经》说：

　　刑天与帝争神，帝断其首，葬之常羊之山，乃以
　　乳为目，以脐为口，操干戚以舞。

这是"失败英雄"的不忘故志的写照，所以陶潜的《读〈山海经〉诗》说"刑天舞干戚，猛志固常在"。精卫与刑天，属于同型的神话，都是描写象征那百折不回的毅力和意志的。这是属于道德意识的鸟兽的神话。

　　再看属于解释性质的动物神话。《山海经·中山经》说：

　　缟羝山之首，曰平逢之山，南望伊洛，东望谷城
　　之山，无草木，无水，多沙石。有神焉，其状如人而
　　二首，名曰骄虫，是为螫虫（郭曰：为螫虫之长），实
　　惟蜂蜜之庐。

这是解释蜂蜜是有神主司的。又《海外北经》说：

　　欧（呕）丝之野，在大踵东，一女子跪据树欧丝。

三桑无枝，在欧丝东，其木长百仞，无枝。

关于蚕的神话，此为最古。然而也最简陋，三国时吴人张俨有《太古蚕马记》，亦属蚕之神话。晋干宝《搜神记》亦载此故事云：

> 旧说太古之时，有大人远征，家无余人，惟有一女；牡马一匹，女亲养之。穷居幽处，思念其父，乃戏马曰："尔能为我迎得父还，吾将嫁汝。"马既承此言，乃绝缰而去，径至父所。父见马惊喜，因取而乘之。马望所自来悲鸣不已。父曰："此马无事如此，我家得无有故乎？"乘以归。为畜生有非常之情，故厚加刍养。马不肯食，每见女出入，辄喜怒奋击，如此非一。父怪之，密以问女；女具以告父，必为是故。父曰："勿言，恐辱家门；且莫出入。"于是伏弩射杀之，暴皮于庭。父行，女与邻女于皮所戏，以足蹙之曰："汝是畜生，而欲取人为妇耶！招此屠剥，如何自苦！"言未及竟，马皮蹶然而起，卷女以行。邻女忙迫，不敢救之，走告其父。父还求索，已出，失之。后经数日，得于大树枝间，女及马皮，尽化为蚕，而绩于树上，其茧纶理厚大，异于常蚕。邻妇取而养之，其收数倍，因名其树曰桑。桑者丧也。由斯百姓竞种之，今世所养是也。言桑蚕者，是古蚕之余类也。

唐孙颜的《神女传》亦演此故事，且确指其地为四川了。扬雄《蜀王本纪》说"蜀王之先名蚕丛",明《一统志》谓蚕丛教民蚕桑。今四川人犹号蚕为马头娘。似乎蚕马的神话与四川发生关系,不是偶然的了。《荀子·赋篇》中谓蚕是"身女子而头马首",大概从其形象上又发生了蚕与马的关系。如果认《山海经》所记是北部的蚕丝的神话,那么,蚕马的神话是发生于西部的四川,至汉始为中国神话的一部分。

最后,我们再看特异的属于禽兽的神话,例如凤凰、鸾鸟、龙、虬、夔、人鱼等。这些动物,在古代大概曾有之,而原始人给加上了神秘的外衣,便成为神话中的角色。龙、虬、螭、凤、鸾,在《楚辞》中成为很驯顺的东西,给神们服劳代步。《山海经·南山经》说:

> 有鸟焉,其状如鸡,五采而文,名曰凤凰。首文曰德,翼文曰义,背文曰礼,膺文曰仁,腹文曰信。是鸟也,饮食自然,自歌自舞,见则天下安宁。

《海内经》亦有相同的记载,惟作"翼文曰顺,背文曰义"。又《西山经》云:

> 有鸟焉,其状如翟,而五彩文,名曰鸾鸟,见则天下安宁。

把鸾凤说成瑞鸟,已经是较开化时代的思想。但原始人对于不经见的动物有一种怪异的观念,却也是事实。无论他们把那些鸟兽看成吉祥呢或凶邪，总之是好奇心渴求解释的结果。他们又常设想那神秘的海中应该有些怪异神奇的东西，如《山海经·大荒东经》云：

> 东海中有流波山，入海七千里，其上有兽，状如牛，苍身而无角，一足，出入水则必风雨，其光如日月，其声如雷，其名曰夔；黄帝得之，以其皮为鼓，橛以雷兽之骨，声闻五百里，以威天下。

这又是解释神话中有权威的神一定有什么奇怪的东西可以慑服别人了。《北山经》说：

> 又东北二百里，曰龙候之山，无草木，多金玉，决决之水出焉，而东流，注于河，其中多人鱼。其状如鲭鱼，四足，其音如婴儿。

《稽神录》谓"人鱼上身如妇人，腰以下皆鱼"。这就和《海内北经》所记的"陵鱼"相似了。《海内北经》说的是：

> 陵鱼：人面，手足，鱼身，在海中。

《楚辞·天问》的"鲮鱼何所"的"鲮鱼"，也就是此所谓"陵鱼"。人鱼或陵鱼，到后来遂演化成为"鲛人"。《述异记》云：

南海中有鲛人，水居如鱼，不废机织，其眼能泣，
则出珠。

最后，我们要看一看由特种对于自然界的原始信仰所发生的神话
是一些什么。不用说，这一类也只存断片了，可是极多，现在姑
举数则为例。《山海经·海外东经》云：

　　东方勾芒，鸟身人面，乘两龙。

郭璞注说"木神也"，又引墨子的话，"昔秦穆公有明德，上帝使
勾芒赐之寿十九年"。《月令》："春月，其神勾芒。"《淮南子》谓
"东方之帝太皞，其佐勾芒"。《白虎通》谓"芒之为言萌也，物
始生也。东方义取此"。综合这些注解，可知东方勾芒神是"主
生之神"，是"代表春之发长气象的神"。原始人对于四季的循环，
知其然而不知其所以然，故常恐冬之常住，春之不再来；他们以
为每年中春之必再来只是全赖神的力，因而想象必有一神主司其
事，勾芒神便是这样产生出来的。在希腊神话中的相当者，是女
神栖里兹（Ceres）。

　　后来由原始信仰发展而成为"五行"这种哲学思想时，勾芒
神便成为代表五行之一的"木正"，《史记正义》所谓"勾芒，东
方青帝之佐"。在同样"五行"的意义上，又有代表"南方丙丁火"
的祝融。《山海经》言及祝融，在《海外南经》：

　　南方祝融，兽身人面，乘两龙。

郭璞注："火神也。"《史记正义》谓为"南方炎帝之佐，兽身人面，乘两龙，应火正也"。然《越绝书》则云"祝融治南方，仆程佐之"，又自不同。《山海经·海外西经》云：

有人名曰吴回，奇左，是无右臂。

郭璞注："即奇肱也。吴回，祝融弟，亦为火正也。"那么，祝融不止一个了。明刘基《蛙蝇子》竟谓"祝融有七"，更是奇离。《山海经·海内西经》云：

西方蓐收，左耳有蛇，乘两龙。

郭璞注："金神也，人面虎爪，白毛，执钺，见《外传》。"《西山经》谓"泑山，神蓐收居之"。郭璞注同《海内西经》上引。《楚辞·远游》有"遇蓐收乎西方"之句。《海外北经》云：

北方禺彊，人面鸟身，珥两青蛇，践两青蛇。

郭注："字玄冥，水神也。"又谓一本云："北方禺彊，黑身，手足，乘两龙。"《越绝书》谓"玄冥治北方，白辨佐之"。

    《山海经》所记四方之神，具如上述。四方各应木、火、金、水四行，惟无中央之土。这便是中国的"五行学说"尚未完成前的原始思想的形式。而此四方之神，最初大概都是一种自然现象的解释，如勾芒神之为"春之生育"的象征。但后世"五行"之说既兴，便汩没了原始思想与原始信仰，而惟勾芒神的象征意义尚可迹求，其余的便都无从考证了。《淮南子》记此四方之神，便蒙上了"五行学说"的外衣，加一中央之土，说得很为齐整。《天文训》云：

> 何谓五星？东方木也，其帝太皞，其佐勾芒，执规而治春，其神为岁星，其兽苍龙，其音角，其日甲子。南方火也，其帝炎帝，其佐朱明（高诱注：旧说云祝融），执衡而治夏，其神为荧惑，其兽朱鸟（朱雀也），其音徵，其日丙丁。中央土也，其帝黄帝，其佐后土，执绳而制四方，其神为填星，其兽黄龙，其音宫，其日戊已。西方金也，其帝少昊，其佐蓐收，执矩而治秋，其神为太白，其兽白虎，其音商，其日庚辛。北方水也，其帝颛顼，其佐玄冥，执权而治冬，其神为辰星，其兽玄武，其音羽，其日壬癸。

这里所说的中央之帝黄帝，其佐后土，《山海经》里完全没有。《西山经》有"长留之山，其神白帝少昊居之"的话，又《海外北经》有"颛顼葬于务隅之山之阳"的话，但是把少昊和颛顼称为西方和北方之帝，并且与蓐收、禺彊（即玄冥）发生关系，也是《山海经》所没有的。这都可以证明上文所说原始思想中象征四时的自然现象的神话，后来被"五行学说"所修改所增损的痕迹了。

水旱疠疫等天灾，在原始人看来，也应该有一个解释；因此也就有了神话。旱的神话，在《山海经》有女魃。《大荒北经》说：

> 大荒之中，有山，名曰不句。……有人衣青衣，名
> 曰黄帝女魃。蚩尤作兵伐黄帝。黄帝乃令应龙攻之冀
> 州之野。应龙畜水，蚩尤请风伯雨师，纵大风雨。黄
> 帝乃下天女曰魃。雨止，遂杀蚩尤。魃不得复上，所
> 居不雨。叔均言之帝，后置之赤水之北。

应龙又见于《大荒东经》及《北经》，则云：

> 应龙处南极，杀蚩尤与夸父，不得复上，故下数
> 旱，旱而为应龙之状，乃得大雨。

郭璞注："应龙，龙有翼者也。"《大荒北经》又云：

> 应龙已杀蚩尤，又杀夸父，乃去南方处之，故南
> 方多雨。

这都是说"应龙"主有水的。《楚辞·天问》云："河海应龙，何
尽何历？"王逸注谓"言河海所出至远，应龙过历游之，而无所
不穷也"。又引或说："禹治洪水时，有神龙以尾画地，导水所注
当决者，因而治之也。"据此则应龙不是仅处于南方了。但应龙
与水潦的关系，却大概可以决定了的。

《山海经》又言有许多鸟兽也是主水旱灾的。《经》所记主水

灾者，有下列的二则：

> 空桑之山……有兽焉，其状如牛而虎文，其音如
> 钦（郭曰：或作吟），其名曰轮轮，其鸣自叫，见则天
> 下大水。
>
> （《东山经》）

> 犲山，有兽焉，其状如豗而人面，黄身而赤尾，
> 其名曰合蛮（郭曰：音瘐），其音如婴儿。是兽也，食
> 人，亦食虫蛇，见则天下大水。
>
> （《东山经》）

言主大旱的，那就更多。《山海经》所载有下列各条：

> 令丘之山，无草木，多火，……有鸟焉，其状如
> 枭，人面四目，而有耳，其名曰颙。其鸣自号也。见
> 则天下大旱。
>
> （《南山经》）

> 姑逢之山，无草木，多金玉，有兽焉，其状如狐
> 而有翼，其音如鸿雁，共名曰獙獙。见则天下大旱。
>
> （《东山经》）

> 鬲水……其中多薄鱼，其状如鳝鱼而一目，其音

如欧（郭云：如人呕吐声也），见则天下大旱。

（《东山经》）

子桐之山，子桐之水出焉，而西流，注于余如之泽，其中多鲭（音骨）鱼，其状如鱼而鸟翼，出入有光，其音如鸳鸯，见则天下大旱。

（《东山经》）

主疫的神，见《楚辞·天问》之所云：

伯强何处？惠气安在？

王逸注谓："伯强，大厉疫鬼也。所至伤人。"晋干宝《搜神记》又有别说：

昔颛顼氏有三子，死而为疫鬼：一居江水，为疟鬼；一居若水，为魍魉；一居人宫室，善惊人小儿，为小鬼。于是正岁命方相氏帅肆傩以驱疫鬼。

这怕是后起的传说了。又《山海经》亦有主大疫的兽。《东山经》云：

又东二百里曰太山……有兽焉，其状如牛而白首，一目而蛇尾，其名曰白蜚，行水则竭，行草则死，见则天下大疫。

以上说的，都是自然界的神话。现在我们可以转换一方向，看看我们的祖先对于自己的运命有什么感想，有什么神话。在希腊神话中，运命神是姊妹三个。最小者名克洛叔（Clotho），司织生命之线，在这线里，光明和黑暗的丝是互相交错的。第二个名拉希息司（Lachesis），搓揉生命之线，她搓的时候，手指的用力时强时弱，因而生命之线亦时强时弱。最后一个名阿忒鲁帕司（Atropos）拿一把大剪，很忍心地剪断那些生命之线，当她一下剪子，就有一个生命在地上死掉。这些希腊的运命女神是专管人们的运命的。在北欧的运命神也是姊妹三个，代表了过去，现在，未来。乌尔特（Urd），最长的一个，是衰老的，常常回顾，恋恋于过去；泛儿腾提（Verdandi），中间的一个，是年轻，活泼，勇敢，直视前面；司考尔特（Skuld），最小的一个，常常遮着面纱，看的方向正与乌尔特相反，她们的职务是织造运命之网，溉灌生命之树。在中国神话里，没有那样完整的运命神的故事，但《楚辞》的《九歌》中《大司命》《少司命》二篇是尚存的一鳞一爪。《大司命》云：

> 广开兮天门，纷吾乘兮玄云；令飘风兮先驱，使冻雨兮洒尘。……纷总总兮九州，何寿夭兮在予。高飞兮安翔，乘清气兮御阴阳。……一阴兮一阳，众莫知兮余所为。

据五臣注，"司命，星名，主知生死，辅天行化，诛恶护善也"。这就是运命之神。我们只看上面所引，便可知"大司命"出来时令飘风先驱，使冻雨洒尘，排场非常阔绰，再看"何寿夭兮在予""乘清气兮御阴阳"等句，又可知其威权之大。据全体看来，大司命大概不是女神。《少司命》便不同了：

秋兰兮麋芜，罗生兮堂下，绿叶兮素枝，芳菲菲兮袭予。夫人自有兮美子，荪何以兮愁苦？

秋兰兮青青，绿叶兮紫茎，满堂兮美人，忽独与余兮目成。

入不言兮出不辞，乘回风兮载云旗；悲莫悲兮生别离，乐莫乐兮新相知。荷衣兮蕙带，倏而来兮忽而逝。

夕宿兮帝郊，君谁须兮云之际？与女沐兮咸池，晞女发兮阳之阿。望美人兮未来，临风恍兮浩歌。

孔盖兮翠旌，登九天兮抚彗星；竦长剑兮拥幼艾，荪独宜兮为民正。

大司命所有的"生死寿夭"的威权，少司命都没有。然则少司命所司的是什么"命"呢？依我看来，大概是恋爱的命运。《少司命》全篇是很好的恋歌；从"满堂兮美人，忽独与余兮目成。……悲莫悲兮生别离，乐莫乐兮新相知"等缠绵悱恻的句子而观，少司命似是司恋爱之神。爱神也可以算作运命之神。譬如巴比伦神话中的爱神就兼有了运命神的性质。又从"孔盖兮翠旌"而观，少司命又似是女神。《九歌》是中部民族的神话，应该有一个恋爱女神。

再看《九歌》里的《国殇》，王逸注谓"国殇，死于国事者"，换言之，即是"战死的勇士"了。北欧神话有战死的勇士为天女们（Valkyrs）接引上天的话，死于国事的勇士常常被认为应该成神的，《国殇》就是这一类的神话。战争的勇敢在这里是描写着：

> 操吴戈兮被犀甲，车错毂兮短兵接，旌蔽日兮敌若云，矢交坠兮士争先。凌余阵兮躐余行，左骖殪兮右刃伤，霾两轮兮絷四马，援玉枹兮击鸣鼓。天时坠兮威灵怒，严杀尽兮弃原壄。出不入兮往不反，平原忽兮路超远。带长剑兮挟秦弓，首身离兮心不惩。诚既勇兮又以武，终刚强兮不可凌。身既死兮神以灵，魂魄毅兮为鬼雄！

战死的男士是"神以灵"了，但到了天上神之处，做些什么事，《国殇》里却没有说到了。北欧神话说战死的勇士的魂到了天上，就由神赐与盛宴，天天快乐。大概中国神话亦是这么说着的罢？可是已经不能考定了。

关于医药，也有一些零碎的神话。《山海经》所记，有下列各条：

> 巫咸国在女丑北……有登葆山，群巫所从上下也。
>
> （郭璞注：采药往来也。）
>
> 　　　　　　　　　　　　　　　　　　（《海外西经》）

有巫山者，西有黄鸟，帝药八斋。（郭注：天帝神
仙药在此也。）

（《大荒南经》）

大荒之中，有灵山；巫咸，巫即，巫盼，巫彭，
巫姑，巫真，巫礼，巫抵，巫谢，巫罗：十巫，从此升
降，百药爰在。

（《大荒西经》）

据此可知中国神话中司医药之神凡十。但《山海经》言巫咸
国，巫山，灵山，三说自相抵触，不知道究竟何者为准。《酉阳
杂俎》亦载"灵山十巫"，巫名与《山海经》又有不同；度即据《山
海经》而有误传，则亦未足以证明灵山是医药神话的主要地点了。

第七章　帝俊及羿、禹

如前各章所述，我们对于中国神话的面目，可以有了一个大概。但是神话中的一个最重要的线索，即"诸神世系"，却还是没有。本章即要就此点略加讨论。

我屡次说过，中国神话在最早时即已历史化，而且"化"的很完全。古代史的帝皇，至少禹以前的，都是神话中人物——神及半神的英雄。那么，我们能不能从上古史中抽绎出神话中的"诸神世系"来吗？这是个耐人寻味的问题。我们自然不敢说这件工作一定有把握，但总不至于以为全无可能性罢。既然认为有"可能性"，就不妨先立个"假定"，然后依此考证而推求。申言之，即先"假定"了神话中诸神的领袖——或神之王——从而创造出一个"诸神世系"来。如果承认这个方法是可行的，那么，古史中的帝皇，可以充当我们的假定的，至少有三位：（1）是伏羲，（2）是黄帝，（3）是帝俊。请分论之。

伏羲是中国"可靠的"古籍上所载的一个最早的皇帝。据《易·系辞》的"古者庖牺氏之王天下也"一段文字而观，伏羲显然是中华民族文化的始祖；由神话中的"主神"变而为民族文化的始祖，是很合乎情理的。这是伏羲氏可假定为中国神话第一神的理由之一。关于伏羲氏的神话，现在几乎全然没有，但伏羲与神话中的重要人物女娲就有相当的关系。据旧籍所载，女娲与伏羲的关系有三说：一是说女娲继伏羲而为帝，一说女娲为伏羲的妹子，一说女娲为伏羲之后。把一位炼石补天，抟土造人的女娲说成伏羲之妹及后，是一件最有意义的事；也就证明了伏羲的"神性"是很充足的。如果假定伏羲是中国神话的"主神"，相当于希腊神话的宙斯，则女娲的地位也就相当于朱诺（宙斯之后）了（依女娲伏羲之后的说法）。但可惜伏羲的神话太少，即使我们承认他是中国的"主神"，亦只是一个"光杆"的和"绝后"的"主神"而已。在这点上，我们不能不抛弃了伏羲这个假定了。

次言黄帝。关于黄帝的神话除上述的蚩尤故事外，还有不少；如说他乘龙上升，与素女试房中术等等，凡是后世方士派的胡言，皆托始于黄帝。《史记》亦谓黄帝赐诸子以姓，为诸国之始。又谓黄帝时始造文字，造舟车，造乐器，育蚕，制裳，"铸首山之铜"；把铜器时代归于黄帝，也很可以令人推想到他是神的始祖的。所以黄帝也很有资格来充当我们的"假定"。但考之《山海经》，则黄帝的记载不多，显不出他的特别重要的身份。在《山海经》中有"主神"的资格的，反是别处不见的帝俊。

据《山海经》，则帝俊是神话中的重要角色，很有被假定为"主神"的理由。帝俊之妻羲和生十日，常羲生月十有二，这都是上文已经说过的了。这岂不是和希腊神话所说宙斯的外妇腊都娜生子女各一，是为日月之神，是一样的事么？宙斯是希腊的"主神"，因而我们也可以想象那既为日月之父的帝俊，大概也是中国神话的"主神"。再看《山海经》其他的关于帝俊的记载，则有下列各条：

> 有中容之国。帝俊生中容。中容人食兽木实，使四鸟豹虎熊罴。
>
> 有司幽之国。帝俊生晏龙，晏龙生司幽；司幽生思士不妻，思女不夫，食黍，食兽；是使四鸟。
>
> 有白民之国。帝俊生帝鸿，帝鸿生白民，白民销姓，黍食，使四鸟虎豹熊罴。
>
> 有黑齿之国。帝俊生黑齿，姜姓，黍食，使四鸟。
>
> （以上皆见《大荒东经》）

> 大荒之中，有不庭之山，荣水穷焉。有人三身。帝俊妻娥皇生此三身之国，姚姓，黍食，使四鸟。
>
> 有人食兽，曰季厘。帝俊生季厘，故曰季厘之国。
>
> （以上见《大荒南经》）

> 有西周之国，姬姓，食谷。有人方耕，名曰叔均。帝俊生后稷，稷降以百谷。稷之弟曰台玺，生叔均。

叔均是代其父及稷播百谷，始作耕。

（《大荒西经》）

这便是所谓大荒诸国的来源（此自然是已经历史化了的神话的遗形），《淮南》及《吕氏春秋》也记有此等国名，其属神话之重要部分，自可想见，然而都说出于帝俊之后，则帝俊在神话中的地位也就不难推想得了。再看《海内经》所记人事的起源，也是属于帝俊的：

> 帝俊生禺号，禺号生淫梁，淫梁生番禺，是始为舟。番禺生奚仲，奚仲生吉光，吉光是始以木为车。
>
> 帝俊生晏龙，晏龙是始为琴瑟。
>
> 帝俊有子八人，是始为歌舞。
>
> 帝俊生三身，三身生义均，义均是始为巧倕。是始作下民百巧。
>
> （帝俊生后稷）。后稷是播百谷。稷之孙曰叔均，是始作牛耕。

舟，车，琴瑟，歌舞，百巧，牛耕，凡此文化的起源都托始于古代的帝俊，则帝俊之为神话中之“主神”，也就很明白了。《海内经》又记“炎帝之孙伯陵，伯陵同（犹通也）吴权之妻阿女缘妇，缘妇孕三年，是生鼓、延、殳（三子名也），鼓、延是始为钟、为乐风”。又云：“少暭生般，般是始为弓矢。”这两条算是例外。然《海内经》又云“帝俊赐羿彤弓素矰，羿是去恤下地之百艰”，则帝俊和弓矢到底不是没有关系的。

那么，帝俊是否曾经历史化而为中国古史中一人物？古史上是没有帝俊的，但《山海经》所说帝俊之后人，在别处也见到，却是属于别人的子孙了。例如后稷，史言其为帝喾之子；季厘则史言其为帝舜之子；帝鸿据《路史后纪》则为黄帝之孙。所以《学海》谓经所记诸国，多云帝俊之后，而所谓帝俊者，或以为黄帝，或以为喾，或以为舜。但郭璞则直谓"俊亦舜字，假借音也。"从帝俊有妻娥皇这一点而观，俊也许就是舜。总之，这是一个悬案。我们所可说的，只是中国神话的"主神"，大概就是所谓帝俊。然而要从帝俊身上寻绎"诸神世系"也还是办不到。

把"主神"问题搁开，我们再看另一个受过历史化的系统不明的神话人物，就是羿。

据《楚辞》《淮南子》《山海经》而观，羿有两个。一个是"人性的"，又一个是"神性的"；《离骚》云：

> 羿淫游以佚畋兮，又好射夫封狐。

王逸注谓"羿为诸侯，荒淫游戏，以佚畋猎，又射杀大狐，犯天之孽，以亡其国也"。又在下句"固乱流其鲜终兮，浞又贪夫厥家"，王逸的注是"羿因夏衰乱，代之为政，娱乐畋猎，不恤民事，信任寒浞，使为国相。浞行媚于内，施赂于外，树之诈慝，而专其权势。羿畋将归，使家臣逢蒙射而杀之，贪取其家，以为己妻，羿以乱得政，身即灭亡"。这个羿便是"人性的"羿。洪兴祖补注引《说文》云：帝喾射官也，夏少康灭之。又引贾逵语：

"羿之先祖也，为先王射官。帝喾时有羿，尧时亦有羿；羿是善射者之号。此羿，商时诸侯有穷后也。"郭璞注《山海经·海内经》的"羿是始去恤下地之百艰"句下谓"有穷后羿慕羿射，故号此名也"。这些解释，都证明了因为在"人性的羿"而外，又有一个"神性的羿"在，所以王逸、郭璞等努力要把二者分个清楚，明其不是一人。然而他们不知道这个"人性的羿"却就是历史化了的"神性的羿"。我们再看"神性的羿"是怎样的；《天问》说：

帝降夷羿，革孽夏民；胡射夫河伯而妻彼雒嫔？

王逸注此句谓"羿弑夏家，居天子之位，荒淫田猎，变更夏道，为万民忧患"。王逸的这个解释，是错误的。我以为这里的羿就是"神性的羿"。将这《天问》的两句和《海内经》所记"帝俊赐羿彤弓素矰，以扶下国，羿是始去恤下地之百艰"等语对看起来，则屈原的意义也正是说"帝降羿下来，本是扶恤下民的，为什么羿又射了河伯而以洛嫔为妻呢？"王逸以为"革孽夏民"的"夏"字是指夏朝，但我以为"夏"字实即等于"华夏"之"夏"，因而"革孽夏民"云者，犹云"革除华夏人民之孽苦也"。屈原见得一方有羿受帝命下来救民疾苦的传说，而别一方面又有羿射河伯妻洛神的话，觉得神性的羿不应该如此矛盾，故有此问。王逸以为是历史上人性的羿，固属非是；洪兴祖谓"此言射河伯妻雒嫔者，何人乎？乃尧时羿，非有穷后羿也。革孽夏民，封豨是射，乃有穷后羿耳"，把屈原的整句分作两句解释，尤为误会。然则神性的羿又是怎样的呢？《淮南子》里有详文。《本经训》云：

昔容成氏之时，道路雁行列处，托婴儿于巢上，置余粮于畮首，虎豹可尾，虺蛇可蹍，而不知其所由然。逮至尧之时，十日并出，焦禾稼，杀草木，而民无所食；猰貐、凿齿、九婴、大风、封豨、修蛇，皆为民害。尧乃使羿诛凿齿于畴华之野，杀九婴（水火之怪）于凶水之上，缴大风于青邱之泽，上射十日而下杀猰貐，断修蛇于洞庭，禽封豨于桑林，万民皆喜，置尧以为天子。

这便是《山海经·海内经》的一句"羿是始去恤下地之百艰"的注解。射十日的事又见于《天问》的"羿焉彃日？乌焉解羽？"猰貐就是"窫窳"，《山海经·北山经》云："其状如牛而赤身，人面马足，其音如婴儿，是食人。"《海内西经》谓是"蛇身人面"，《海内经》谓是"龙首"。诛凿齿事亦见于《山海经》之《海外南经》："羿与凿齿战于寿华之野，羿射杀之，在昆仑墟东；羿持弓矢，凿齿持盾，一曰戈。"

故据《淮南子·本经训》的记载，则神性的羿实是希腊神话中建立十二大功的海勾力士那样的半神的英雄。我们看羿诛凿齿，杀九婴，缴大风，射十日，杀猰貐、修蛇、封豨，无往而不胜利，正和希腊的海勾力士之无往而不胜利一样。在历史初期，这个羿一定是民间艳称的半神的英雄；"妻雒嫔"一定也是羿神话中的一件恋爱故事，正和海勾力士一样。后世史家将这神话的羿来历史化，就成为尧之臣的羿，再变而为有穷后羿了。

和羿一样，禹也是古代神话中的为民除害的半神英雄。然而比羿更完全地历史化。禹的真实性之可疑，似乎毋须在此再讨论。并且也没有足够的篇幅了；我们现在只想就禹的神话来判断禹在中国神话中所处的地位。《楚辞·天问》云：

何勤子屠母而死分竟地？

王逸注谓"禹牖剥母背而生，其母之身分散竟地"。《搜神记》亦谓"修已背坼而生禹"，这是关于禹的身世的神话。《天问》又云：

河海应龙，何尽何历？

王逸注谓："禹治洪水时，有神龙以尾画地，导水所注当决者，因而治之也。"洪兴祖补注引《山海经图》云："犁丘山有应龙者，龙之有翼也。……夏禹治水，有应龙以尾画地，即水泉流通。"这又是关于禹治洪水的神话。《天问》又云：

焉得彼盒山女而通之于台桑？

洪兴祖补注引《淮南》云："禹治洪水，通轘辕山，化为熊，谓涂山氏曰：'欲饷，闻鼓声乃来。'禹跳石，误中鼓。涂山氏往见禹方作熊，惭而去，至嵩高山下，化为石，方生启。禹曰：'归我子。'石破北方而启生。"这又是禹能化熊和启的产生的神话。我们再看《山海经·海内经》末节之所记：

洪水滔天，鲧窃帝之息壤以堙洪水，不待帝命；帝令祝融杀鲧于羽郊。鲧复生禹，帝乃命禹卒布土，以定九州。

这里所谓帝，有朱熹的解释最妙："《经》云鲧窃帝之息壤，以堙洪水，帝令祝融殛之羽郊，详其文意，所谓帝者，似指上帝。"（见《楚辞辩证》）然则"帝乃命禹卒布土，以定九州"的所谓"帝"，也该是上帝了。朱熹是不敢这么承认的。因为历史化的禹太有势力了。但是我们却要说：以文意观之，此所谓帝，当然是上帝。换言之，《海内经》说"帝乃命禹卒布土"，"帝俊赐羿彤弓素矰，以扶下国"，是同一句法，故此所谓帝，可信是即帝俊。后人因禹之历史性太强，故删去一俊字，给一个含混过去的办法。又据《尚书》，禹是舜起用的，而《山海经》之帝俊又早有人疑是帝舜，则此处有一"俊"字，更觉可信了。综合这些论证，我们不妨推想禹在中国神话中的地位，差不多等于羿：都是天帝特派下去扶恤下民的。羿是洪水以前天地大变动时代（相当于希腊神话所谓铁时代）的半神的英雄，禹则是洪水时代的半神的英雄；希腊神话言雕揆力温为洪水以后仅存之一人，是传第二代人类，中国历史则谓禹始传子启，而成世袭帝皇之局面，在这一点上，我们也不妨想象中国神话原来亦说禹传第二代人类，可是后世历史家改窜神话，却以为是始成传子的一姓政治了。依此类推，我们又不妨假定史所记禹以前帝皇都是神话之神，而禹为民族英雄之第一人，民族英雄大概是半神的超人，也不是真正的历史的人。

关于禹之父鲧，禹之子启的神话，《山海经》和《楚辞》也都有记载。《天问》云：

化为黄熊，巫何活焉？

王逸注言："鲧死后化为黄熊，入于羽渊，岂巫医所能复生活也。"从反面想，大概还有鲧死后复活的神话。郭璞注《海内经》亦引《开筮》曰："鲧死后三岁不腐，剖之以吴刀，死化为黄龙也。"这也是鲧不曾死的别说。《山海经》记启的故事有二则。《海外西经》云：

大乐之野，夏后启于此儛九代，乘两龙，云盖三层，左手操翳，右手操环，佩玉璜。

郭璞谓"九代"是马名，然亦许是乐名舞名。《大荒西经》云：

夏后开上三嫔于天，得《九辩》与《九歌》以下。

《天问》中亦有"启棘宾商，《九辩》《九歌》"的话。《九辩》与《九歌》据说都是天帝乐名。王逸注《天问》之句，以为禹有功业，故启能得天帝之《九辩》《九歌》而作福下民。然则这也仿佛和希腊神话所谓伯罗米修士窃天庭之火以给人类，是同样的意义了。启大概也只是神话中的民族英雄，不能认为真正的历史人物。

第八章　结　论

上面已经把中国神话的各方面都大略讨论到了，现在我们可以来一个结论。

本编只是中国神话的"绪论"。本编的目的只是要根据了安得烈·兰（Andrew Lang）所谓人类学的方法与遗形说的理论，把杂乱的中国神话材料估量一下，分析一下。作者在此书内所要叙述的，也只有中国神话曾是如何的混合构造而成（例如第一章所讨论的北中南三部的神话），中国神话有怎样的演化，受过怎样的修改，有怎样的宇宙观，怎样地解释自然现象的故事。还有，原始思想与后代方士派神仙之谈的区分，也是所讨论的一点。至于中国神话的"集大成"的任务，却不是本书所能负担得了的。

因此，留待将来的问题就有三个：

一、我们能不能将一部分古代史还原为神话？上面讲过，我们的古代史，至少在禹以前的，实在都是神话。如果欲系统地再建起中国神话，必须先使古代史还原。否则，神的系统便无从建立，然而要解决这个问题，困难正复不少。古代史虽然即是神话的化身，可是已经被屡次修改得完全不像神话，并且古代史自身的系统亦不明了，也已经不是全部神话而只是一小部分神话被历史化了而保存为现在的形式。所以即使将古史还原为神话，也只是不完的神话。如果一定要求其相当的完整，那么，一些推想和假定是必要的了。用了极缜密的考证和推论，也许我们可以创造一个不至于十分荒谬武断的中国神话的系统。

　　二、中国民族在发展的过程中，不断地有新分子参加进来。这些新分子也有它自己的神话和传说，例如蜀，在扬雄的《蜀王本纪》、常璩的《华阳国志》内还存留着一些，如吴越，则在赵煜的《吴越春秋》内也有若干传说。此种地方的传说，当然也可以算为中国神话的一部分。这也需要特别的搜辑和研究。至于西南的苗、瑶、壮各族，还有神话活在他们口头的，也在搜采之列。这个工作就更繁重了。

　　三、古来关于灾异的迷信，如谓虹霓乃天地之淫气之类，都有原始信仰为其背景；又后世的变形记，及新生的鬼神，也都因原始信仰尚存在而发生。凡此诸端，一方面固然和神话混淆不清，一方面也是变质的神话（指其尚有原始信仰而言）。这一部分材料，也须得很谨慎地特别处理。

　　以上三问题，在我看来，至少是建立系统的中国神话的先决条件，不解决第一问题，则我们只有碎断的神话故事，没有神话的系统；不解决第二问题，则地方传说会混入了神话里去；不解决第三问题，则原始形式的神话不能分离而独立。在这本小书里，不能容许这繁重的讨论。本书既是 ABC 性质，只能举示中国神话的大概面目罢了。

附录　中国神话研究参考用书

　　这一个参考用书目，不是列举作者在编著本书时所用到的书，而是想供给读者进一步研究中国神话时应参考的书籍。在研究中国神话时，一般的关于神话研究的理论，也还是不可少的，所以在此书目中又举了此方面的两本书。至于中国书之包有神话材料者，实在很多，但若悉举，则又太繁，且此等书中往往只有一二条可用；所以现在只举了较重要的几种，并于每书名下略述该书的著作人、著作时代，及该书在神话上的价值。英文书中有一本《中国神话与传说》，内容极为荒唐，今亦列之末后，聊以示西方人对于中国神话的见解而已。

　　一、An Introduction to Mythologsy，by Lewis Spence.

　　〔一九二一年英国、伦敦 George G.Harrap 书店出版。作者是专家，所著神话书籍尚有"*The Myhs of Mexico and Peru*"，"*The Civilization of ancient Mexico*"，"*A Dictionary of Mythology*"，"*A Dictionary of non-classical Mythology*"，"*Myths and Legends of Ancient Egypt*"，"*Myths and Legends of Babylonia and Assyria*"等书。〕

二、《神话的研究》本书作者著。

〔此为商务印书馆《百科小丛书》之一，一九二八年出版。〕

三、《山海经》无名氏著　郭璞注。（通行本）

〔旧题夏禹或伯益作，然实为无名氏之作，且非成于一时期一人之手。书凡十八卷;《五藏山经》五卷，可信为东周时作;《海内外经》八卷，可信为春秋战国之交时代的作品;《荒经》四卷《海内经》一卷则为战国中期作品。中国神话材料以此书为最多，然亦极为庞杂。除旧有郭璞注外，清郝懿行的《山海经笺疏》很可以看得。〕

四、《楚辞》屈原等著　王逸注。（通行本）

〔汉刘向集屈原《离骚》《九歌》《天问》《九章》《远游》《卜居》《渔父》，宋玉《九辨》《招魂》，景差《大招》，又益以贾谊《惜誓》，淮南小山《招隐士》，东方朔《七谏》，严忌《哀时命》，王褒《九怀》，及向所自作《九歌》，共为十六篇，称为《楚辞》。王逸作章句，又益以己作《九思》及班固二叙，为十七卷。屈、宋之作，包含神话材料甚多，以下则撷拾旧闻而已，在神话上无甚价值。王逸章句而外，宋洪兴祖有《补注》，朱熹有《集注》《辩证》《后语》，清蒋骥有《山带阁注楚辞》六卷,《楚辞余论》二卷，于研究《楚辞》时亦不无若干帮助。〕

五、《穆天子传》无撰人姓名　郭璞注。（通行本）

〔这便是晋咸宁中从汲县古坟里挖出来的，纪周穆王事。古坟即是战国时魏襄王的坟，故猜想来，《穆天子传》亦许即是该时人所作而埋在坟里的。今考其内容，言西王母者不过西方一国君，所谓悬圃，不过飞鸟百兽之所饮食，为大荒之泽圃，无所谓神仙怪异之事，则尚近于原始思想，故可定为战国初年人所作。〕

六、《列子》旧题周列御寇著　晋张湛注。（通行本）

〔此书之为伪作，大概是确定了的；然其伪作时代，论者各有不同。现在假定是晋初。内容甚杂，然包含神话很多，如终北、华胥、龙伯大人之国，均见此书，故在神话上有价值。又其伪作时代虽可定为晋初，然度亦杂抄秦以前旧籍（今已佚亡者），而非伪作者杜撰，故其所记神话尚为原始信仰之表现，与后世神仙之谈不同。〕

七、《淮南子》汉刘安著　高诱注。（通行本）

〔此为淮南王刘安集合宾客所编。多采旧说，又杂有神仙方士派的话头，然保存中国神话之处，不亚于《列子》。近人刘文典著《淮南鸿烈集解》，注释甚善。〕

八、《搜神记》旧题晋干宝著。（通行本）

〔干宝，晋元帝时人。《晋书》本传称宝感父婢再生事，遂撰集古今灵异神祇人物变化为此书。《提要》疑其并非原书，乃后人辑集诸书所引而傅以成文者。今按其中所载神话传说如《蚕马》及《盘瓠》故事等，尚非时代极后如六朝等时之作。〕

九、《述异记》旧传梁任昉著。（通行本）

〔大概是伪作。书中所载各条，剽窃之迹显然。但伪作者于

剽窃旧说时亦附加耳目所闻见，故尚可寻见神话传说之逸文。〕

十、《中国神话及传说》（Myths and Legends of China）by E.T.Calmers Werner.

〔一九二二年 Harrap 公司出版。约四百多页，目录为：一、中国社会情状，二、论中国神话，三、中国的创造宇宙神话，四、中国的神，五、星的神话，六、雷电风雨的神话，七、水的神话，八、火的神话，九、疫神药神等，十、慈惠女神，十一、八仙，十二、天门的守卫者，十三、神之战，十四、石猴如何成神，十五、狐的传说，十六、杂传说。作者自序云：他这书大半取材于《历代神仙通鉴》《神仙列传》《封神演义》《搜神记》四书。他是把《封神演义》作为主体的，所以目录中"神之战"一章就根据了《封神演义》的通天教主摆万仙阵，又把"杨任大破瘟瘟阵"作为中国的疫神话。所谓慈惠女神就是"大慈大悲救苦救难观世音菩萨"。他又说关羽是中国的战神。所以此书之无价值自不待言。〕

附录　中国神话研究

神话是什么？这不是一句话就可以说得清楚明白的。如果我们定要一个简单的定义，则我们可说：神话是一种流行于上古时代的民间故事，所叙述的是超乎人类能力以上的神们的行事，虽然荒唐无稽，可是古代人民互相传述，却确信以为是真的。

神话是怎样发生的呢？这也有多种的说法。已死的解释，我们不必去提及；单讲还活着的解释，安得烈·兰（Andrew Lang）以为神话是原始人民信仰及生活的反映。他说原人的思想有可举之特点六：（一）为万物皆有生命、思想、情绪，与人类一般；（二）为呼风唤雨和变形的魔术的迷信；（三）为相信死后灵魂有知，与生前无二；（四）为相信鬼可附于有生的或无生的各物，而灵魂常可脱离躯壳而变为鸟或他兽以行其事；

（五）为相信人类本可不死，所以死者乃是受了仇人的暗算（此思想大概只有少数原始民族始有之）；（六）为好奇心。原人见自然界现象以及生死梦睡等事都觉得奇怪，渴望要求一个解释，而他们的知识不足以得合理的解释，则根据他们的蒙昧思想——就是上述的六种——造一个故事来解释，以自满足其好奇心（详见兰所著 Myth，Ritual and Religion，P.48-52）。麦根西（D.A.Mackenzie）也说：神话是信仰的产物，而信仰又为经验的产物，他们又是自然现象之绘画的记录。人类的经验并不是各处一律的，他们所见的世界的形状以及气候，也不是一律的。有些民族，是在农业生活的基础上得进于文明的，于是他们的信仰遂受了农业上经验的影响，而他们的神话亦呈现农业的特色。在历法尚未发明以前，农人从祖宗手里接下耕种的方法，递相传授，不是说"春耕"和"秋收"，或是说十二月下种则成无用；他们却是把耕种的方法造成了神话，数世以来，都是依据神话以从事农作。印度人于一年中要受到几个月的酷热与干旱，他们以为这是因为旱魃把肥田的水都藏在山谷里了。直到世界将要旱死的时候，然后音达拉（雷神）来帮忙了，他挥动他的雷锤，将旱魃打死，放出那些被旱魃藏过的水来。经过了这次雷战，雨就畅下，于是枯草复活，五谷丰登了。在巴比伦，那妖怪是水妖地阿麦，他跑入幼发拉底河，使水泛滥。后来地阿麦被墨洛达西所杀，使世界仍复旧观，农民方可下种。在埃及，是尊神拉把害人的妖怪除了，收回尼罗河里泛滥的水，于是农民下种，谷物丰收了。印度、巴比伦、埃及，或有旱季，或有涝季，所以就发生了上述的神话；那些风调雨顺的地方，就没有这些神话。山乡的民族，恃牧畜以为生，完全不知道耕种这一件事的，也没有这种神话（详见麦根西所著 *Myths of Crete and Pre-Hellenic Europe*，Introduction）。

故据上述兰氏与麦根西氏之说，我们知道各民族在原始期的思想信仰大致相同，所以他们的神话都有相同处（例如关于天地开辟的神话，日月以及变形的神话等等），但又以民族环境不同而各自有其不同的生活经验，所以他们的神话又复同中有异（例如上节所述，印度有旱魃的神话而埃及与巴比伦有水怪的神话）。观于一民族所处的环境以及他们有过的生活经验，我们可以猜到他们的神话的主要面目。

但是我们现在所见的各文明民族的神话都已经过修改，不是原样——自然大体还是保存的。是什么人去修改的呢？就是各民族自己后代的文学家。因为神话既是原始信仰的产物，流行于原始民族社会间，则当一民族文明渐启，原始信仰失坠以后，此种表现原始信仰的故事当然亦要渐渐衰歇；尚幸有古代文人时时引用，所以还能间接的传到现代。就这一点看来，文学家是保存古代神话的功臣。但是文学家引用古代神话的时候，常常随意修改，例如靠希腊的悲剧家欧里庇得斯（Euripides）与诗人品达（Pinder）的著作，我们得见大部分的希腊神话，可是这两位文学家都是爱改古代神话的。除非这种原始信仰后来就发展成该民族的宗教，而神话亦即成为该宗教的经典，那就可以保留十足的本来面目。

不但文学家要修改神话，一民族的后起的或外来的然而曾经盛极一时的宗教思想，也常常要改变原有的神话；例如北欧的神话于基督教既在北欧盛行以后，便有变动，许多北欧原有的神，都被基督教化了。

上面说的，都是神话研究的基本观念，和中国神话的本身无关。但是我们根据这一点基本观念，然后来讨论中国神话，便有了一个范围，立了一个标准，不至沉没在古籍的大海里，弄得无所措手足。因为中国古书里类乎神话的材料实在很多，我们须得先有方法去抉择才好。

中国神话不但一向没有集成专书，并且散见于古书的，亦复非常零碎，所以我们若想整理出一部中国神话来，是极难的。我们现在虽有许多古书讲到神仙故事的，但是这些故事大半不能视作中华民族的原始信仰与生活状况的反映。于此，我们似应应用兰氏对于神话的见解，以分别我们所有的神仙故事何者为我们民族的原始信仰与生活状况的反映，何者为后代方士迎合当时求神仙的君主的意志而造的谰言。自汉以来，中国与西域交通频繁，西方的艺术渐渐流入中华，料想那边的神话也有许多带过来而为好奇的文人所引用，于此，我们也应根据了"生活经验不同则神话各异"的原则，以分别何者为外来的神话。佛教流入中国而且极发达后，一方面自然也带来了一点印度神话（幽冥世界的神话等等），可是一方面中国固有的神话大概也受了佛教思想的影响而稍改其本来面目，犹之基督教化了北欧的神一样。于此，我们又应当找出它改变的痕迹，以求得未改变时的原样。

我们如果照上面说的三层手续来研究中国神话，把那些冒牌的中国神话都开除了，则所剩下来的，可以视作表现中华民族的原始信仰与生活状况的神话，只有不多的几类了：

一、天地开辟的神话——盘古氏开辟天地，以及女娲氏炼石补天等等。

二、日月风雨及其他自然现象的神话——羲和驭日，以及羿妻奔月（此节下面还有讨论）等等；

三、万物来源的神话——中国神话里这一类颇少，惟有中华民族的特惠物的蚕，还传下一段完全的神话；其余的即有亦多零碎，万不能与希腊神话里关于蛙、蜘蛛、桂、回声，或者北欧神话里关于亚麻、盐等物来源的故事相比拟的（蚕的神话是否可靠，下面还有讨论）；

四、记述神-——或民族英雄的武功的神话，如黄帝征蚩尤，颛顼伐共工等等；

五、幽冥世界的神话——此类神话，较古的书籍里很少见；后代的书里却很多，大概已经道教化或佛教化；

六、人物变形的神话——此类独多，且后代亦时有新作增加。

除了这六类以外，还有记载神仙的古书如《列仙传》和《神仙传》内的话头，还有记载神仙居处的古书如《海内十洲记》内的神话，据我看来，大都是方士的谰言，不能视作中华民族的神话。这并不是因为《神仙传》《海内十洲记》等书后出，所以要派定他们是方士的谰言，不是的，神话由口头的而变为书本的，原不拘时代之先后。我所以说《神仙传》等书所载的"神"的"话"不是神话，是从他们的性质上断定的：第一，我们看各民族的神话，见他们的神都是自然力之人格化，宙斯（希腊的）拟天，拟一切自然力之总发生处，奥定（北欧的）亦然，阿波罗（希腊的）

拟日，菽耳（北欧的）拟雷，音达拉（印度的）亦拟雷，关于他们的神话亦都是某种自然现象之解释；可是《列仙传》和《神仙传》里所记的神们的系属与行为全不是这么一回事，只是些奇行异迹、修道炼丹、长生不老的话。第二，《十洲记》述祖洲、瀛洲、玄洲、炎洲、长洲、流洲、生洲、凤麟洲、聚窟洲、方丈洲等十洲，与蓬莱、昆仑两山，似乎有些像是原始人民的宇宙观，但是我们且一看他们的内容：

祖洲近在东海之中，……上有不死之草，草形如菰苗，长三四尺，人已死三日者以草覆之，皆当时活也，服之令人长生。

瀛洲在东海中，……生神芝仙草，又有玉石，……出泉如酒，味甘，名之为玉醴泉，……令人长生。

玄洲在北海之中，……上有太玄都，仙伯真公所治。

炎洲在南海中，……有风生兽，……火光兽，……取其兽毛，以缉为布，时人号为火浣布。

长洲一名青丘，在南海……，上饶山川，及多大树，树乃有二千围者。

流洲在西海中，……上多山川，积石名为昆吾，冶其石成铁作剑，光明洞照，如水精状，割玉物如割泥。

生洲在东海……，上有仙家数万，天气安和，芝草常生，地无寒暑。

凤麟洲在西海之中央……，洲四面有弱水绕之，鸿毛不浮，不可越也。洲上多凤麟，数万各为群。

　　聚窟洲在西海……，上多真仙灵官宫第，……有反魂树。

　　方丈洲在东海中心，……上专是群龙所聚，有金玉琉璃之宫，三天司命所治之处，……仙家数十万，耕田种芝草，课计顷亩，如种稻状。

　　总而言之，这十洲都是神仙所居，比我们住的好得多。蓬莱与昆仑更好，因为是天帝所居之处。我们看这种话头，明明是方士们歈动人主求仙心的江湖口诀，原始人民何尝会设想除了自己所住的地方以外，全是神仙世界！原始人设想神们是聚族而居的（因为原始人自己是聚族而居的），但是他们的住处乃在天上，或是什么极高的山，并不在海外的什么洲；原始人即以自己所住的地方为世界的全体，并不设想此外还有更大的世界。能够设想到这一步的，已经不是原始人了。原始人大概只设想他们所居的地方的四极边——东南西北四方，是怎样一个形状，可是他们亦决不会说成是很好的。宋玉的《招魂》里说：东方有"长人千切，惟魂是索；十日代出，流金铄石"；南方有"雕题黑齿，得人肉而祀，以其骨为醢，封狐千里，雄虺九首，往来倏忽，吞人以益其心"；西方之害，则为"流沙千里，旋入雷渊，靡散而不可止，……赤蚁若象，玄蜂若壶，五谷不生，丛菅是食，其土烂人，求水无所得"的；北方则"增冰峨峨，飞雪千里，不可以久"。我觉这几段话比较的近于中华民族原始期的思想。因为那时我们民族居住的，正是中部温和之区，由于此种生活经验的结果，所以他们设想四方的极边都是可怖的。

就上所论证而言，《神仙传》等书所记诸神世系，既靠不住，那么中国现所存可靠的材料里能否找出神的系统来呢？要回答这个问题，我们就牵涉到另一个问题，这就是中国神话与古史的关系。

据我的武断的说法，中国的太古史——或说得妥当一点，我们相传的关于太古的史事，至少有大半就是中国的神话。神话的历史化，在各民族中是常见的；我们知道古代的神话学者中就有所谓历史派者。纪元前三一六年顷，希腊有武赫默洛司（Euhemerns）其人，就是以历史解释神话者的始祖。他以为民族的神话就是该民族最古代的历史的影写。他这个意见，若就希腊神话中某一部分的材料来印证，还不算是荒谬绝伦；因为希腊神话中记古民族英雄之武功的，如《伊利亚特》（Illiad）史诗中所载，实在就是一幅影写的希腊民族立国史，此外如卡特牟司建底比斯城，伊阿宋取金羊毛等等神话，都很像是古代史的影写，因为迷信的原始人把传述的古事涂上原始信仰的色彩，原是可能的事。但是后来武赫默洛司的徒弟们把先生的说法不问情由一味地推行，结果将希腊所有的神都解释作历史人物。例如说宙斯是克里特（Crete，据说先希腊而立国，当希腊有史时，此国早亡，故克里特之历史不传于世；麦根西著克里特神话，则证明其文化实为希腊之先导）的国王；宙斯与巨人之战，在希腊神话里原是开辟天地的神话，而他们（武赫默洛司的徒弟们）则指为克里特国内乱的史事；又说普罗米修斯（此在希腊神话中为巨人族而归附宙斯者，曾奉命捏泥为人，故为人之创造者）实为古代善塑泥人的陶工；亚特拉斯（Atlas，此亦巨人族而归附宙斯者，相传宙斯既战败巨人族，尽驱其族入地穴，使不能为祸，独留亚特拉斯等数人，亚特拉斯因多力，宙斯使负荷大地）实为古代的天文学家等等，便荒唐得莫名其妙了。不但希腊神话曾如此受过历史的解释，北欧神话亦然。奥定（北欧主神，相当于希腊的宙斯）被说成是小亚细亚一部落名亚息耳（Aesir）者之酋长，因受罗马人的压迫，乃侵入欧洲，征服了俄罗斯、德意志、丹麦、挪威、瑞典等地，每处立他自己的一个儿子为王，后知在世间的事已了，即自剖腹死，上天成神。这一段话的附会，非常显明；北欧神话说神们总名亚息耳，历史解释者便说奥定所领的部落名为亚息耳。后来冰岛的历史家斯奴罗·斯土莱松（Snorro-Sturleson，生于一一七九年）作《挪威诸王逸史》（Heimskrinsla）竟说佛赖（Frey，在北欧神话里，佛赖是日光神）确是一个古王，名为音格维·佛赖（Ingyi-Frey），在半历史的奥定与涅尔特（海神）死了以后，继而为帝于乌布萨拉，因为他在位时政治修明，国内太平，所以百姓景仰之若神；百姓们对于他的景仰是如此之烈，竟使朝臣们当佛赖死时不敢发表，遵俗火葬，却私埋于大丘中，告百姓说：主（佛赖一字在北欧义同主）已经为神，走入大丘里去了。斯奴罗·斯土莱松虽然这么说，但是我们看北欧神话中所述佛赖的故事，却分明是北欧寒冷地方的人民对于日光（在他们看来，日光神是有惠于他们的，因为日光能消融他们生活的仇敌——冰雪）应有的观念。

所以从这些例子看来，古代的历史家把神话当作历史的影写，竟是屡见而不一见的；从而我们若设想我们古代的历史家把神话当作历史且加以修改（因为历史总是人群文明渐进后的产物，那时风俗习惯及人类的思想方式已大不同于发生神话的时代，所以历史家虽认神话为最古的史事，但又觉其不合理者太多，便常加以修改），亦似乎并不是不合理的。我们可把盘古氏的故事为例，以证明中国古代的历史家确曾充其力量使神话历史化。讲到盘古氏的神话，现在尚有下列的三条，都是把他们看作历史材料而保存下来的：

　　a.天地混沌如鸡子，盘古生其中，万八千岁；天地开辟，阳清为天，阴浊为地；盘古在其中，一日九变，神于天，圣于地，天日高一丈，地日厚一丈，盘古日长一丈：如此万八千岁，天数极高，地数极深，盘古极长。后乃有三皇。

　　　　　　（徐整《三五历纪》，玉函本辑自《艺文类聚》）

　　b.昔盘古氏之死也，头为四岳，目为日月，脂膏为江海，毛发为草木。秦汉间俗说：盘古氏头为东岳，腹为中岳，左臂为南岳，右臂为北岳，足为西岳。先儒说：泣为江河，气为风，声为雷，目瞳为电。古说：喜为晴，怒为阴。

　　　　　　　　　　　　　　　（任昉《述异记》）

　　c.元气濛鸿，萌芽兹始，遂分天地，肇立乾坤，启阴感阳，分有元气，乃孕中和，是为人也；首生盘古，垂死化身：气成风云，声为雷霆，左眼为日，右眼为月，四肢五体为四极五岳，血液为江河，筋脉为地理，肌肉为田土，发髭为星辰，皮毛为草木，齿骨为金石，精髓为珠玉，汗流为雨泽，身之诸虫，因风所感，化为黎甿。

（《五运历年纪》——《绎史》引）

上面的三条里，第三条《五运历年纪》所述，大概是增饰第二条的，故三条实只两种意义。第一种即《三五历纪》所载，是把盘古氏视作与天地同生的神；第二种即《述异记》与《五运历年纪》所载，是把盘古氏拟作未有天地时之一物，盘古死而后有天地。这两说像是矛盾的，但是我们倘若把这两说看作一件事的前半段和后半段，亦未始不可。关于此点，后再详论。

我现在要指出来的，就是和我们的盘古氏故事相类似的开辟神话，世界各民族的神话里尽有。我们先看"天地混沌如鸡子"的神话有哪几个民族也是有的。最著名的"天地如鸡子"的故事乃出于芬兰，他们以为从这鸡子里就生出一切的物。印度也有相似的说法，Stapatha Brahmana 里说："最初，此世界惟有水，水以外无他物。但水常愿再生他物，祝道：'我如何能生别的东西呢？'水如此祝，就翻腾起浪，力思做出些什么来。后来果然产出了一个金蛋。蛋于是成一羊。……一年内，羊又成一人，就是拍拉甲拍底。他的口，创造诸神。"希腊也有天地初如鸡子之说，并且更完全更美丽。希腊神话说：最初，宇宙是混沌状态，天地不分；陆地，水，空气，三者混在一处；此时有主宰者名浑沌，妻为奴克司（夜之神），二人生子为爱莱蒲司（黑暗），爱莱蒲司逐父而以母为妻，代为主宰，二人产一极大鸡子，厄洛斯（爱神）由此卵出，乃创造地；但此时地上尚无草木、鸟兽，爱洛斯以生命箭射入地的冷胸，地遂生草木百花与鸟兽。我们如果将这段希腊神话和中国所传"天地混沌如鸡子，盘古在其中"相比较，我们可说盘古就相当于厄洛斯。我们再看盘古身体化为宇宙间万物的说法是否别的民族也有。这就更多了。北美的伊罗瓜族（Iroquois）说有巨人旭卡尼普克（Chokanipok）的四肢、骨、血，造成了宇宙间万物。却尔第亚人（Chaldean）说，神勃尔（Bel）剖巨大的非自然的女子哇莫卡（Omorca）之身为两半，以一半造天，一半造为地。在印度有两种说法：一说此世界本仅一魂，幻形为波罗夏（Purusha），波罗夏又自裂身体为两半，一变男子，一变女子，二人成为夫妇，是生一切人类；但女后猛省道："他把自己身体造成了我，如何又和我交媾呢？"于是女变为母牛；但是男子亦随即变成公牛，与女变的母牛交尾，是生一切牛；女第二次逃避，变为牝马，男亦变为牡马，复与交尾，是生一切马；如是，女一次一次的变为别的动物，男亦跟着变，传下各种动物的种。印度的第二种说法也是以波罗夏为主体的，但故事大不相同。这是说波罗夏有一千个头，一千只眼，一千只脚；神以波罗夏身体造成世界万物：从他的口造成婆罗门，从他的臂造成赖姜夏（Rajanya），从他的股造成伐司夏（Vaisya），从他的脚造成苏答拉（Sudra），他的魂成为月，眼成为日，头成为天，身上的一切变为各种野兽。这种说法，已经和中国的盘古氏相近了，但是北欧神话的开辟说尤其和中国的相似。北欧神话说，最初，宇宙为混沌一团，无天，无地，无海；惟有神与冰巨人——二者乃仇敌；冰巨人叫做伊密尔，和神蒲利（能产生者）常常打仗；蒲利有子名波尔（生产），娶女巨人勃司忒拉为妻，生三子：奥定（精神），费利（意志）与凡（神圣）；他们三个都极勇敢，把冰巨人伊密尔打死，并将他的尸身造成天地。他们把伊密尔的肉造成土地，置于混沌一团之中心；把他的血造成海，围绕土地；把他的骨骼造成山；齿造成崖石，头发造成草木和一切菜蔬。他们又把伊尔的髑髅造成天，覆盖了地与海；把他的脑子造成云。他们又把四个最强壮的侏儒（在北欧神话，有侏慨，亦与神同时存在，居于地下穴，善工艺）叫来，使他们立于地之四角，撑住了天，不让天崩坠下来。原始人民总以为天是一个硬壳，像一方大青石板，日月星辰就嵌在上面，高高地罩着地面的，所以原始人民常常想象地的四极——四角，一定有什么东西是在那里支撑着大青石板似的天，使不下坠；根据了这种信念，原始人就创造一节神话：北欧民族说是四个侏儒，在中国是"女娲氏断鳌之足，以立四极"等一番话头。

原始人民的信念大概相同，各民族的神话常多相同处，理即在是。

我们相传关于天地肇始的故事，现在既经证明各民族中亦多有的，我们不妨断定这就是中国的天地开辟神话的断片。如果我们把上引《三五历纪》《述异记》等书的话连串起来，可得一段神话如下：

宇宙最初是漆黑混沌的一团，像一个极大极大的鸡子；那时没有地，没有水，没有日月星辰。

这鸡子的心里，生有一人，叫做盘古，他被关闭在这个古怪的地方，不能出来。

直到过了一万八千年，忽然一声响亮，这个极大的鸡子——盘古的囚笼——忽地裂开，分为两半，一半是清轻的，就往上升，又一半是重浊的，就往下沉；上升的成了天，下沉的就成为地。这个时候，盘古立在它们中间，一日之内就变了九次。

他长得极快：那时每日内，天要往上高一丈，地要厚一丈，盘古亦每日长一丈。这样又经过了一万八千年，天是极高了，地是极厚了，但是盘古也极长了。

这时的天，只是一大块青石板，地，也只是片黄土。冷清清的怪没有意思。

后来盘古死了。他的头颅化成了四岳——东西南北四岳，一双眼睛化成了日月，身上的脂膏化为江海的水，毛发化成了草木；于是天上有日月，地面有山川草木了。世界是这时候起始的。

这便是中国神话的第一页，若照兰氏的各民族开辟神话的方式（他的方式是说，最落后的民族相信天地及万物是一个虫、一只兔子或别的动物一手包办，很快的造成的，先进民族便说创造天地与万物的，是神或超人的巨人，且谓万物乃以次渐渐造成的）看来，中国的开辟神话与希腊、北欧相似，不愧为后来有伟大文化的民族的神话；虽然还嫌少了些曲折，但我们可以假定这是因为后人不会保存而致散佚，原样或者要曲折美丽得多呢！譬如历来相传女娲氏炼石补天之说，理应是中国的开辟神话的后半段，不知后来怎样割裂了的，从此也可以想见中国的开辟神话其内容丰富美丽，不亚于希腊神话。我们现在再把炼石补天的话，引在下面：

  a. 昔者女娲氏炼五色石以补其（天）阙，断鳌之足，以立四极；其后共工氏与颛顼争为帝，怒而触不周之山，折天柱，绝地维，故天倾西北，日月星辰就焉，地不满东南，故百川水潦归焉。

（《列子·汤问》）

  b. 往古之时，四极废，九州裂，天不兼覆，地不周载，火爁炎而不灭，水浩洋而不息，猛兽食颛民，鸷鸟攫老弱；于是女娲炼五色石以补苍天，断鳌足以立四极，杀黑龙以济冀州，积芦灰以止淫水。

（《淮南子》）

  《列子》，人家说是杂凑成的伪书，《淮南子》说明是杂采旧说而成的，故炼石补天之说想来也是民间传述极盛的故事。这一节神话所含的意义最使我们感到兴味的，一是作开辟神话的尾声，二是可见中华民族原始的宇宙观（我以为古书所记邹衍大九洲小九洲之说，以及《十洲记》所记十洲情形，皆不是原始的宇宙观）。中华民族的环境是东南滨海，长江大河皆流入海，西北却是山陵：这种环境在原始人看来是极诧异的，所以他们便创造了女娲氏的神话，说是"地不满东南，故百川水潦归焉"。但是何以地又忽然不满于东南呢？照"混沌如鸡子……"的说法，天地是自始即圆满的。为了要解释这一点，并且原始人又相信天是一块大青石板，盖在地上，故必有柱，于是他们乃说是女娲氏炼石补天，断鳌足立在地的四角，作为撑天之柱。不过天何以忽然有破隙，劳女娲氏炼五色石来补，中国的古书上都没有说起。据我想来，中国本来应有一段神话讲天何以破裂，但现在竟失传了。各民族的神话里都讲到天地开辟以后，人类既生以后，复经毁灭，后乃由神收拾残局，更造人类；例如希腊的洪水神话。这些洪水神话，有人解释为原始人所身受的最后一次因冰川融解而发的大水的经验的记录。这个经验，据说是温热带地段居民所共有的；今证之以凡居温热带地段的民族几乎全有这段神话，觉得这个假定似乎可以成立。由此可知中国民族的神话里本来也有洪水的故事，后来不知什么缘故，竟至失传，却只剩了破坏后建设——即女娲氏炼石补天——的故事了。我们只看《淮南子》所说"往古之时，四极废，九州裂，天不兼覆，地不周载，火爁炎而不灭，水浩洋而不息，猛兽食颛民，鸷鸟攫老弱"一段，应该有理由相信我们上文的推测并非全无根据的。又原始民族对于大水的来因，或归于神怒，或又谓乃海蛇或大蛙之类作怪所致，说至不一；若在中国，我疑女娲断鳌之足以立四极的鳌，也许便是神话中大水的主动者。我们不妨想象我们的祖先曾把他们那时传下来的地面最后一次洪水的故事，解释作因为有鳌作怪，发大水，以至四极废，九州裂，然后女娲氏斩鳌，断其足以为天柱，把天撑住，又补了有破痕的天，乃创造第二次的世界：这个想象，似乎也还近理，就可惜于书无征。

女娲的故事还有造人一节，这也可算是中国神话中重要的材料：

俗说天地初开辟，未有人民，女娲抟黄土为人；剧务力不暇给，乃引绳𦄲泥中，举以为人。故富贵贤知者，黄土人也；贫贱凡庸者，引𦄲人也。

（《太平御览》引《风俗通》）

照这一段话看来，女娲氏虽不是盘古以后第一个神，至少也是极早极早的神。然而古书中又有把女娲列于历史家所确视为人王的伏羲之下的。伏羲这个人，照《易·系辞》"古者庖牺氏之王天下也"而观，至少有八分的真实性，和女娲不同。似乎许多比《易经·系辞》后出的书，说女娲是继伏羲之后"王天下"的，都是说谎造谣了。我以为我们如果认定伏羲真是历史上的人王，当然要排斥一切关于女娲氏的记载，以为全不足信；但是我觉得就是《易·系辞》言之极确实的"庖牺氏"恐亦是神话中人物，实在并无其人；所以有些古书上有了女娲继伏羲之后为王一说，大概就是因为神话上是把女娲当作伏羲之后或什么的，故有此附会，正亦难言呢。（关于伏羲的话，下面再详。）

故就上所论述而言，盘古与女娲的故事，明明都是中国神话关于天地开辟的一部分，然而中国文人则视作历史，女娲氏竟常被视为伏羲之后的皇帝。我们要晓得，凡开辟神话中之神，只是自然力之象征——此在高等文化民族之神话为然——与此后关于日月风雨以至事物起源等神话内的神为渐进于人性者，有甚大的分别，可是中国古代史家尚以为乃古代帝皇，无怪他们把其余的神话都视为帝皇之行事了。譬如羲和这个名字，据屈原《离骚》的"吾令羲和弭节兮，望崦嵫而勿迫"一句看来，所谓"羲和"，或竟如《书经》所说羲氏和氏是二人，乃驱日之神，与望舒之为月御（亦见《离骚》"前望舒先驱兮"）相对待；我们知道希腊和北欧的神话都说日神驱黄金之车巡行天宇，下民望之是为日，中国的羲和将亦类是，然而《尚书》（《史记》因之）则以为乃尧时主四时之官；这便是把神话中的日御羲和变化为人臣，而把神话中羲和的职掌，变化为"主四时之官"。以此类推，我们竟不妨说尧时诸官，多半是神话中的神。尧舜之治乃我国史家所认为确是历史的，但我们尚可以怀疑它是历史化的神话，然则尧舜以前，太史公所谓"其文不雅驯"的三五之事，当然更有理由可说是神话的历史化了。一民族最古的史家大都认神话乃本国最古的历史，希腊的希罗多德（Herodotus 纪元前 482—425）就是一例。不过最古的史家——历史之父——如果直录古代神话，不加修改，则后人尚可从中分别何者为神话，何者为真历史，而神话亦赖以保存。如果那史家对于神话修改得很多，那就不但淆乱了真历史，并且消灭了神话。不幸中国的古史家是最喜欢改动旧说的，以此我们的古史常动人怀疑，而我们的神话亦只存片段，毫无系统可言了。我们觉得谈到中国神话时最令人不高兴的是：现今所存中国神话的材料不能算少，只可惜是东鳞西爪，没有一些系统。

但是我以为我们可以假定一个系统。这个假定的系统立脚在什么地方呢？我以为就可立脚在中国古史上。中国神话之历史化，我们上文已有论证。中国最古代的无名史家，没有希罗多德那样的雅量，将民间口头流传的神话一字不改收入书里，却凭着自己主观的好恶，笔则笔，削则削，所以我们现在的古史——由神话变成的古史，只有淡淡的一道神话痕了；但是我们也要晓得古代的无名史家虽然勇于改神话，而所改的，度亦不过关于神之行事等，而非神的世系——即所改者多为神话的内容而非神话的骨骼。为什么呢？因为古代史家所以要改神话，大概是嫌神话里神的行事太荒诞——神话是表现原始社会的生活状况，当然是太荒诞的；例如反映原始时代的杂婚制、血族结婚制等等的神话，当然是古代史家所最嫌恶的，当然是除恶务尽，一笔抹销。至于说某神为至尊，某神乃某神之子，某某神职守何事等等，——就是说到神话的骨骼，这在古代史家看来，并不十分讨厌，只要轻轻地改某神为某帝，某某神为某某官就得了。譬如伏羲，我们据《易·系辞》看来，是中国历史上第一位君主，关于他的传说，乃太史公所目为不雅驯的，荐绅先生难言之，所以遗留到后世的极少；但是我们就现在仅存的不雅驯的断片看来，可说伏羲是神话中"春之神"。我们且看下面的一节旧说：

> 春皇者，庖牺之别号；所都之国，有华胥之洲，神母遊其上，有青虹绕神母，久而方灭，即觉有娠，历十二年而生庖牺。
> 以木德称王，故曰春皇。其明睿照于八区，是为

太昊，昊者明也。位居东方，以含养蠢化，叶于木德，

其音附角，号曰木皇。

（王嘉《拾遗记》）

在原始民族中，春之神是他们最崇拜敬爱的神，因为一切自然界的景物，到春都呈现生气；尤因农业民族是靠春季播种耕耘而得生活的，故对于春尤视为特惠的神。他们常把春神和稼穑之神看作有连带关系，例如希腊神话说稼穑之神是春之神女的母亲。中国以农业立国——换句话说，是立脚在农业生活的基础上而进于文明的，似乎不应该竟没有关于农作的神话。古代史家说教民稼穑的，是神农氏；又说神农氏乃继伏羲氏而有天下的，把伏羲和神农说得那么关切，很可以叫我们疑惑伏羲氏是神话中的春神，而神农氏乃是稼穑之神。或者竟和希腊神话相似，我们神话中的神农就是伏羲的儿子。在没有找到更多的证据以前，我们这样说自然只是一个极不稳固的臆说；但是我觉得从半神话的古史的骨骼里寻出中国神话系统的痕迹，未必是全属理想的。

上面略述中国的开辟神话并讨论中国神话与古史的关系，现在我们要换一个方面，看看中国神话里不能历史化的材料。我们上面曾论证古代史家因误认神话为太古历史，因此保存了一部分已经修改过的神话；但是神话中有些故事是绝对不能附会为史事的，那便是古代史家所不收，而保存之责却落在文学家的肩膀上了。

中国古代的文学家，除了《诗经》里的无名诗人，大都是政论家、哲学家；政论家引神话是把神话当作古代历史而引用的，

哲学家引神话是把神话当作寓言，引来发明己意的。神话——尤其是文明民族的神话，确有类似寓言之处，但神话究与寓言不同，神话是原始信仰与原始生活之混合的表现，不主于讽刺教训，寓言却是以讽刺教训为宗旨的；神话的故事不一定是比喻，寓言则大都为比喻。神话与寓言在性质上既如此不同，所以哲学家把神话当作寓言来引用时，一定是任意改变了神话的内容的；庄子著书，自称寓言八九，我们现在看他的书里引黄帝，引北海若，引冯夷，都是神话中人物，然而他们的故事很少神话气味，反副哲理玄妙：这就是一例。秦汉以前的文学家只有屈原、宋玉一般人还喜欢引用神话，并且没有多大改动，所以我们若要在历史化的神话以外，找求别的神话材料，惟《楚辞》是时代最古的重要材料，此外惟有求之于两汉魏晋的书了。

这些神话，包括日月风雨等自然现象的神话，幽冥世界的神话，事物来源的神话等等，我们可以举出几条来看看是怎样一个面目；先说关于日的：

> 吾令羲和弭节兮，望崦嵫而勿迫。
> 饮余马于咸池兮，总余辔乎扶桑；折若木以拂日兮，聊逍遥以相羊。

（屈原《离骚》）

> 羲和盖天地始生，主日月者也；故启筮曰：空桑之苍苍，八极之既张，乃有夫羲和，是主日月，职出入，以为晦明。又曰：鉴彼上天，一明一晦，有夫羲和

之子，出于阳谷。故尧因此而立羲和之官，以主四时。

（《山海经》注）

东北有地日之草，西南有春生之草，……三足乌数下地食此草，羲和欲驭，以手拚其目，不听下也。

（郭宪《别国洞冥记》）

尧之时，十日并出，焦禾稼、杀草木，而民无所食。猰貐、凿齿、九婴、大风、封豨、修蛇皆为民害，尧乃使羿诛凿齿于畴华之野，杀九婴于凶水之上，缴大风于青丘之泽，上射十日而下杀猰貐，断修蛇于洞庭，擒封豨于桑林。

（《淮南子》）

我们综合上面的几段旧说，可以得到日的神话的大概是：日神名羲和，他有三足乌驾他的车子，巡行天空，早晨从东方的旸谷（《淮南子》"日出旸谷"）出发，浴于咸池，向西行，到了西方的崦嵫，便是黄昏了。至于羿射日的一段神话，大概和日神无关，而是解释弓箭起源，说创造弓箭的羿——自然亦是神——是怎样的善射罢了。关于羿射日的故事，也另有别说；《楚辞》注谓"尧令羿仰射十日，中其九日，日中九乌皆死，坠其羽翼"，也是把日同乌连带说的，可知三足乌驾日神之车一说，在当时是很流行的，有几分可靠。

月的神话比日的神话留传的更少。从《离骚》的"前望舒先驱兮"一句看来，月神名望舒，也和日神一样，每夜驱车巡行天空的，不过神话里的月出月落的地名，现在都不传了。此外还有一节很著名的关于月的神话是姮娥奔月的事，这是说：

　　姮娥，羿妻，羿请不死之药于西王母，未及服之。
姮娥盗食之，得仙，奔入月中为月精。

（《淮南子》高诱注）

　　关于月的神话，大概以此说为最古，此后种种传说，如月中有兔捣仙药和仙人吴刚伐桂种种说头，大概都是附会此说而起，显然不是先民对于月的观念，故不得谓之神话。但是以我看来，便是姮娥奔月一说，亦不免是汉代方士的谰言，并非是古代的神话。刘安好仙，《淮南子》是他所召致的一班方士——其中或许有儒者，杂凑成的，故于叙述旧闻而外，再加一点臆撰新说，是可能的事。我们要晓得原始人民对于日月的观念有一个特点，就是即以日月神为日月之本体，并非于日月神之外，另有日月的本体。现在《淮南子》说姮娥奔入月中为月精，便是明明把月亮当作一个可居住的地方，这已是后来的观念，已和原始人民的原始思想不相符合了。所谓神话，是原始人民的信仰与生活之混合的表现，并不是一切荒唐怪诞言神仙之事的，都可以称为神话。所以姮娥奔月，月中有桂及仙人吴刚等等说头虽颇美丽可喜，但是我们只好割爱，不认是真正的神话。

　　和姮娥奔月一说相似的，有关于蚕之起源的一节故事。蚕是中华民族的特惠物，关于蚕的起源，应有一节很好的神话，并且我们是极希望有的。但是我们现在所有的一段故事却叫人疑或是假的。现在先把它抄在下面：

旧说太古之时，有大人远征，家无余人，惟有一女；牡马一匹，女亲养之。穷居幽处，思念其父，乃戏马曰："尔能为我迎得父还，吾将嫁汝。"马既承此言，乃绝缰而去，径至父所，父见马惊喜，因取而乘之。马望所自来悲鸣不已。父曰："此马无事如此，我家得无有故乎？"乘以归。为畜生有非常之情，故厚加刍养。马不肯食，每见女出入，辄喜怒奋击，如此非一。父怪之，密以问女；女具以告父：必为是故。父曰："勿言，恐辱家门；且莫出入。"于是伏弩射杀之，暴皮于庭。父行，女与邻女于皮所戏，以足蹙之曰："汝是畜生，而欲取人为妇耶！招此屠剥，如何自苦？"言未及竟，马皮蹶然而起，卷女以行。邻女忙迫，不敢救之，走告其父。父还求索，已出失之。后经数日，得于大树枝间，女及马皮，尽化为蚕，而绩于树上；其茧纶理厚大，异于常蚕。邻妇取而养之，其收数倍；因名其树曰桑：桑者，丧也。由斯百姓竞种之，今世所养是也。言桑蚕者，是古蚕之余类也。

案《天官》，辰为马星；《蚕书》曰："月当大火，则浴其种；是蚕与马同气也。"《周礼》教人职掌禁原蚕者，注云，物莫能两大，禁原蚕者为其伤马也。汉礼，皇后亲采桑祀蚕神曰：菀窳妇人，寓氏公主。公主者，

144

女之尊称也；菀窳妇人，先蚕者也。故今世或谓蚕为女

儿者，是古之遗言也。

（干宝《搜神记》十四）

《搜神记》里这一篇，或说乃根据张俨（三国时吴人），俨亦据旧闻，想来这一段故事由来已久。这一篇故事上半节言蚕之由来，像是个神话；下半节疑是最初著录此故事者的案语，以解释古籍中之蚕马同举，并引以证此故事之确为有理者。但是我们正亦可说伪造此说者乃见《周礼》有蚕马同气之说，所以造了这一个故事，以为解释。我觉得此篇中所言，最滋人疑窦的，便是那父亲所说"勿言，恐辱家门"一语，与原始人民思想相差太远：原始人是想不到辱不辱家门的。其次是原始人民常把特惠物解释作出于神赐，而此篇中并无这个意思。所以我很疑此篇乃后人看了旧传盘瓠的故事而仿造的。盘瓠的故事如下：

高辛时，犬戎为乱。帝曰：有讨之者，妻以美女，封三百户。帝之狗曰槃瓠，去三月而杀犬戎，以其首来。帝以女妻之，不可教训，浮之会稽东海中，得地三百里，封之。生男为狗，女为美人。是为尤封氏。

（郭璞《玄中记》）

《搜神记》也载这一件事，却加了盘瓠为顶虫所化，及"群臣皆曰：盘瓠是畜，不可官秩，又不可妻，虽有功，无施也。少女闻之，启王曰：'大王既以我许天下矣，盘瓠衔首而来，为国

除害，此天命使然，岂狗之智力哉。王者重言，伯者重信，不可以女子微躯而负明约于天下，国之祸也。'王惧而从之。"一大段。这一段话里讲信不信的观念乃属于后起的，可知《搜神记》所载盘瓠的事，也经过后人极多的润色，但是从全体上看来，盘瓠的故事在解释某部落的起源，各民族的神话和传说内与此相似之例极多，故可说不是全然假造。至于蚕的故事却不同了。这篇故事，前半述女及女父负约，马皮尚能报仇，原还没有毛病，但是马皮为什么不化为别的东西，而独化为蚕，故事里却没有说明；造这节故事的人大概也觉到这一点，所以说完了故事，又引证经籍，以证马皮与女尸之必变为蚕之理。可是我们要晓得，原始人民创造一段神话来解释一件事情，一定把"何以如此"解释得十分清楚。即使这解释是十分怪诞的，然而总是解释，总是根据原始信仰与生活而创作的。原始民族留下的神话何止千万，可是没有一条是自身说得不明不白，却烦后人引经书以为证的。所以蚕虽然是中国的特惠物，我们极希望有一则关于蚕的来源的神话，但是对于旧传的"蚕马记"却总不能不怀疑。

我们上面讲过，姮娥奔月以及仙人吴刚伐桂等等故事未必是真神话，而疑是后代方士附会造作的；我以为所谓"道教"，虽然可算是中国民族自己的宗教信仰，但是决不能算是中华民族的原始信仰。原始人民是"精灵崇拜"的，是确信一切物与人一样有生、有死、有思想、有情感的；但是原始人民只相信万物本来如此，决不靠修炼之功。他们相信野兽可变为人，并不说野兽须经几千年的修炼，而后可变为人。说野兽如何修炼而成人形，已是混合了烧汞炼丹道士派的邪说后的变形记了。我们的古书里讲变形的极多，这里不胜枚举，但就其大体而言，有一条原则是普遍的，就是：时代愈古的书，讲变形记时只说变形，并不说那野兽经过如何修炼而得人形，也不说那野兽有如何的妖法，非平常人所能抵敌；但是时代愈后的书便常常说修炼，说能变为人形的野兽一定能妖法，会腾空了。从这些地方，可以证明炼丹烧铅之说愈盛后，中国神话中关于变形的一部分便愈加修改失真；我们现在要探讨中华民族对于精灵崇拜的概况，须先不被遮满了道士们邪说的各种变形记所误。

幽冥世界的神话，也是受后代的宗教信仰——道教和佛教全有份——修改得最厉害的。我们现在所有的关于幽冥世界的神话（为说时便利起见，姑亦称之为神话），要算是最多最有系统的。可是我要赶快声明一句：这最多而最有系统的幽冥世界的"神话"，亦最为庞杂，佛道二教之说都有，至于中国民族本有的观念反倒没有了。我们现在所有较古的书籍里，几乎没有什么关于幽冥世界的材料，除了《楚辞》里的几句：

> 魂兮归来，君无下此幽都些（注：幽都，地下，后土所治也。地下幽冥，故日幽都）；土伯九约，其角觺觺些（注：土伯，后土之侯伯也。约，屈也。觺觺，角利貌。言地有土伯执卫门户，其身九屈，有角觺觺，触害人也）；敦脄血拇（注：敦，厚也。脄，背也。拇，手拇指也），逐人駓駓些（注：駓駓，走貌也。言土伯之状，广肩厚背，逐人駓駓，其走捷疾，以手中血潒污人）；叁目虎首，其身若牛些（注：言土伯之头，其貌

如虎，而有三目，身又肥大，状如牛矣）。

（宋玉《招魂》）

　　我以为看了这一段话里把幽都守门的人就描写得那么可怕，可知中华民族原来的对于阴间的说法，大概是阴惨可畏的。或者有人要说宋玉要招屈原之魂返故里，特把东南西北四方，及上界下界，都说成不好，以映出故乡之好，所以幽都的可怖情形也许是宋玉行文时的想象，并非是古代的神话真如是云云。这一段话，颇能动人；但是我们的说法却不是这样。我们以为应该先考察宋玉所描写的幽都是否合于原始人民的思想，如果合的，我们应当老实不客气承认宋玉所述的是中国神话关于幽冥世界的一部分。对于死的畏惧，是人类都有的；对于死后如何这个疑问的猜度，也是人类自古至今用心考量的。原始人民一时得不到合理的答案，他们就做一段神话来解释，以自满足好奇心的逼迫。这便是幽冥世界神话发生的理由。又因为人类都曾看见别人死时的状况非常痛苦，不禁懔栗，遂设想幽冥的世界一定是凄惨可怖，毫无欢乐的，这便是各民族的幽冥神话大半是惨怖的原因。据此，我们可说宋玉描写的幽都十分可怖，也是根据中国本有的神话的，并非因为《招魂》一文意在指陈故乡之可爱，故遂说幽冥世界是那样的可怖了。我们猜想中国的幽冥神话大概也是丰富美丽的，但不知为什么缘故，散逸独多，只剩下这一些，令人只见其门，别的都没有了。

　　此外如风神之名飞廉（《离骚》："后飞廉使奔属。"注：飞廉，风伯也），云师之为丰隆（《离骚》："吾令丰隆乘云兮。"注：丰隆，云师），洛水之女神宓妃是炎帝之少女，南海有鲛人，其泪为珠，河有河伯，有河伯使者，海神为海若，乃至疫鬼（《搜神记》："昔颛顼氏有三子，死而为疫鬼：一居江水，为疟鬼，一居若水，为魍魉，一居人宫室，善惊人小儿，为小鬼"），龙，木石之精，都有神话以为解释，但可惜都存断片，弄得无头无脑。我们现在据所有片段看来，中国神话之丰富美丽，不下于希腊，或且过之，可惜丧失过半，这真是一件极可惜的事。

为什么缘故中国丧失了她的神话呢？这也是一个耐人讨论的问题。鲁迅的《中国小说史略》第二篇里推究中国神话之所以仅存零星的理由道：

> 中国神话之所以仅存零星者，说者谓有二故。一者华土之民，先居黄河流域，颇乏天惠，其生也勤，故重实际而黜玄想，不更能集古传以成大文。二者，孔子出，以修身齐家治国平天下等实用为教，不欲言鬼神。太古荒唐之说，俱为儒者所不道。故其后不特无所光大，而又有散亡。

> 然详案之，其故殆尤在神鬼之不别。天神地祇人鬼，古者虽若有辨，而人鬼亦得为神祇。人神淆杂，则原始信仰无由蜕尽；原始信仰存则类于传说之言日出而不已，而旧有者于是僵死，新出者亦更无光焰也。

关于上引第三条的理由，原书还有释例，我想我们都可查原书来看，不用我在这里转录。并且鲁迅先生的论断，详尽确当，更无庸我赘言，遗蛇足之诮。我要在这里多说几句的，是如何用这些零星的材料来再造中国神话？

我想如果有什么人喜欢研究——或搜辑中国的神话，那么他动手之后，将见最大的困难倒不是材料的零星和匮乏，而是材料的庞杂。第一，搜辑中国神话自然应以曾见中国古书者为标准，换句话说，我们应从古书中搜采；可是难题就在这里：我们搜罗的范围是限于周、秦的古书呢？还是竟扩充到汉、魏、晋以至六朝？照理讲，材料当然愈古愈可靠，故搜罗中国神话不特要以周、秦之书为准，并且要排斥后人伪造的周、秦或三代的书，但是神话原不过是流行于古代民间的故事，当原始信仰尚未坠失的地方，这种古老的故事照旧是人民口头的活文学，所以同在一民族内，有些地方文化进步得快，原始信仰早已衰歇，口头的神话亦渐就澌灭，而有些地方文化进步较迟，原始信仰未全绝迹，则神话依然是人民口中最流行的故事。这些直至晚近尚流传于人民口头的神话，被同时代的文人采了去著录于书，在年代上看，固然是晚出，但其为真正的神话，却是不可诬的。我们安知汉、魏、晋时文人书中所记的神话不是这样得来的？如果我们严格的把年代分界，岂非把晚出的——就是最后从口头的变为书本的神话，都不承认了吗？所以我们搜罗的范围不能不扩大：汉、魏、晋的材料固然要用，即如唐代的材料也未尝不可以采取；只要我们能从性质上确定这些材料是原始信仰与生活的混合的表现就好了。安得烈·兰辩论 Rig-Veda 的年代，也说无论它是不是较近代的作品，但看其中的故事既合于原始信仰和原始生活，就有神话的价值。我以为这正是我们的一个好榜样，正是我们搜求材料时的一个好方针。

搜罗中国神话时第二感到的困难，便是现今所有的材料几乎全是夹杂着原始信仰与佛老思想，混淆至莫名其妙。曾如上面我讲过的关于月的神话有羿妻奔月一事，见于《淮南子》，是汉代的材料，不为不古，但是我们很可以大胆说这一段神话很靠不住。又如昆仑，据《淮南子》等书说的是：

县圃在昆仑阊阖之中，乃维上天。

泉出昆仑之源，饮之不死。

（《淮南子》）

昆仑号曰昆峻，在西海之戌地，北海之亥地，去岸十三万里，又有弱水周回绕匝。山东南接积石圃，西北接北户之室，东北临大活之井，西南至承渊之谷；此四角大山，实昆仑之支辅也。

积石圃南头是王母居。天人济济，不可具记。此乃天地之根纽，万度之纲柄矣。

（《十洲记》）

照上引而观，昆仑是众神所居之地，独立海中，有弱水周回绕匝，故无飞升术的凡人，休想到那边去。我们觉得这一派话，明明是方士造作以欺哄好神仙的皇帝的。方士们既要哄骗人君相信世有神仙，又须预防他们的西洋镜被戳穿。他们若说凡人亦可以到昆仑，难保专制的皇帝不像秦始皇一般，派人去寻。这岂不是他们的谎话有戳破的危险么？所以他们索性说有弱水围绕昆仑，不能航渡，叫皇帝们断绝了派人去寻的念头，便省了许多麻烦。但是我们也不便说昆仑之说，纯出方士们的伪造。我们看《楚辞》里说到"县圃"，说到"阊阖"，谓乃天帝之所居，料想中国神话里本来也说到神们的居处。原始人民对于最高的山也有一种莫名其妙的迷信，以为顶上必是神们所居的。希腊神话说神们聚族而居于奥林匹斯，北欧神话说神们聚居于阿司加尔，都和中国说昆仑乃天帝所居，"天人济济，不可具记"，是同一思想。故据此而观，昆仑之说，或者竟是中国神话里的真货，未必全属后人伪造。不过我们也要晓得后来方士们附会古说，增饰必多，须得把附会的伪说扫净，然后可见真相。我以为这一件工作是整理中国神话时最麻烦的，然而亦是最重要的。

以上都是我对于中国神话的一点零碎的意见。我也想根据了我自己这一点意见，动手搜罗些材料，试编一卷中国神话，借此可以考验考验我的理论是否站得住；不过现在没有时间，谈不到"编"——实施我的理论，却只能先将我的意见发表，以俟对于中国神话特有兴味的朋友们来批评。最后，我要附带的说明，我对于这件事的兴味是被几本英文的讲中国神话的书引起来的。所以我在结束本文之前，想把英文的中国神话书，批评一下。

英文的讲中国民间传说的书有好几种，可是经得起批评的，只有两种：一是腾尼斯（N.B.Dennys）所著的《中国民俗学》（*The Folklore of China*），一是威纳（E.T.Chalmers Werner）所著的《中国神话与传说》（*Myths and Legends of China*）。

《中国民俗学》出版于一八七六年，内有一部分是论中国神话与传说的。材料倒很丰富，然可惜太杂，有些地方又太简。我不能恭维这部书。《中国神话与传说》出版于一九二二年，是四百多面的一厚册，体例仿哈拉普公司（Harrap）出版的"神话丛书"——《中国神话与传说》也就是这个公司出版，惟装订式与神话丛书内其余的十余种不一样。这一部书出版时日既极近，而目录又很动人（目录是：一、中国社会情状，二、论中国神话，三、中国的创造宇宙神话，四、中国的神，五、星的神话，六、雷电风雨的神话，七、水的神话，八、火的神话，九、疫神药神等，十、慈惠女神，十一、八仙，十二、天门的守卫者，十三、神之战，十四、石猴如何成神，十五、狐的传说，十六、杂传说），所以我初得这本书时很有奢望。但是看了一遍以后，仍不免失望。因为这么一本四百多页的巨书，最大的毛病就是材料庞杂得很。作者自序上说他这书大半取材于中国的 *Li tai shén hsien tung chien*（《历代神仙通鉴》）、*Shén hsien lieh chuan*（《神仙列传》）、*Fèng shén ymei*（封神演义》）和 *Sou shén chi*《搜神记》）四书。这四本书是什么性质呢？我们承认这四本书里所讲的神仙的话，就是中国的"神话"么？因为作者把《封神演义》作为重要原料，所以他书中就把通天教主摆万仙阵一节改了为"神之战"，把"杨任大破瘟癀阵"改为中国的瘟疫神话了。他所谓慈惠女神就指"大慈大悲救苦救难观世音菩萨"，却把妙香女的俗说也叙进去；观世音是中国神话的慈惠女神么？最奇怪的，是作者述"中国的神"时，把"关帝"算作战神。

我们且不论《中国神话与传说》的材料，且看他的理论。作者于第二章"论中国神话"内解释中国神话不及希腊与北欧那样丰富的原因，谓：（一）因中国人民的知识进步在较早的时代即呈停滞状态（这停滞状态究在何时，作者未曾说明，然玩其前后议论，作者之意指尧舜及夏朝；作者又谓所以停滞之故，则在太平统一，学术无竞争）；（二）由于中国史家取材极严，守正不阿。作者谓此乃中国民族没有伟大丰富的神话的心的原因。但作者又以为"外界的助力"，到底使中国产生了些神话。这"外界的助力"是什么呢？据作者的说法，一是殷朝亡，周朝代兴时的战乱；二是三国时的战争；三是佛教传入中国后。又说：原始的神话或创作或从西方传来，约在西历纪元前八二〇年左右；纪元前八世纪，天文学性质的神话始惹人注意；老子时代又新生了许多神话，孔子、孟子对于神话没有贡献，直到战国又创造了大批的神话。

我们看了上面所引的话，总觉得《中国神话与传说》作者的议论很特别；最奇怪的，是作者言中国神话多产的时期凡三：一为殷周之交，一为三国时代，一为佛教传入中国后。但是我们如果把这四百多页厚的《中国神话与传说》的原料一看，便恍然于作者所分的"中国神话的多产时期"原来自有他的理由的。因为作者把全部《封神演义》称作神话，而《封神演义》讲的却是武王伐纣的事情，那自然要算殷周之交是神话产生最多的时期了。复因同样的理由，作者说三国时代和佛教流入中国后也是神话产生最多的时期。大约作者还没有看见《说唐》，薛仁贵《征东》《征西》《杨家将》等等小说，不然，他恐怕又要将唐代亦算是中国神话产生极多的时期了。

作者又论中国神话至宋代而受致命的打击。他说，唐代拨混乱而臻治平，孔子之道又新兴盛，惟其力极微，尚不足战胜神话；这件工作，是留待宋代诸儒来做成功的。宋儒给中国神话以致命的打击。在宋以后，我们就再看不见新的创造神话的时期了。

从这些话里，我们就看出威纳先生的确是把中国凡言神怪的书都算作神话，并且依照那些书里说的是哪一时代的事情就断定这些"神话"是哪一时代发生的；并且因此，他说中国神话的创造直到西历九百年方才止歇。我想威纳先生大概不知道他所视为中国神话重要典籍的《封神演义》等书竟是元、明人做的；否则，他将说中国大部——或竟全部的神话，是在西历六百年顷始由文学家从口头的采辑为书本的了。

所以我们老实不客气地说，这四百多页厚册的《中国神话与传说》实在不能叫我们满意；因为它的材料太芜杂，议论太隔膜。

一九二四，十二，十一日

附录　中国神话的保存

　　就现有各种古籍的零碎记载而观，中国民族确曾产生过伟大美丽的神话；中国神话之所以不能全部保存，而仅存零星的缘故，鲁迅在《中国小说史略》内说："中国神话之所以仅存零星者，说者谓有二故：一者华土之民，先居黄河流域，颇乏天惠，其生也勤，故重实际而黜玄想，不更能集古传以成大文。二者，孔子出，以修身齐家治国平天下等实用为教，不欲言鬼神，太古荒唐之说，俱为儒者所不道，故其后不特无所光大，而又有散亡。然详案之，其故殆尤在神鬼之不别。天神地祇人鬼，古者虽若有辨，而人鬼亦得为神祇。人神淆杂，则原始信仰无由蜕尽；原始信仰存则类于传说之言日出而不已，而旧有者于是僵死，新出者亦更无光焰也。"

但是中国古代的南方民族，到底替我们保留了若干中国神话，只看现存古籍之保留神话材料最多者，几乎全是南方人的作品，便是一个实证。我们现在从《庄子》《列子》《淮南子》《楚辞》《山海经》《穆天子传》《十洲记》《神异经》乃至《越绝书》《吴越春秋》《蜀王本纪》《华阳国志》《述异记》等等书内，都可搜得若干神话材料，而这些书的作者，大半是中国南方人。从这些书，我们又可以知道中国神话实由三项学者保存下若干零碎材料。一是中国的古代哲学家，他们把神话之带有解释自然现象之一部分，作为他们的宇宙论的引证；一是文学家，他们把唯美的和解释的神话都应用在作品内，使作品美丽而有梦幻的色彩；一是历史家，他们也像外国的历史一般，认神话中的一部分为历史材料而加以保存。只有《山海经》是一部怪书，既非哲学，亦非文学，亦非历史，也不像地理（虽然古来之目录家曾把《山海经》列入地理类），可是所含神话材料独多——几乎可说全部是神话：这大概是秦末的喜欢神话的文人所编辑的一部杂乱的中国神话总集，可是作者亦只把这些材料当作"异闻"罢了。

　　现在取中国的含有神话材料的重要古籍，试为分论如下：

　　《庄子》里现在没有严格的神话材料；鲲化为鹏之说，混沌凿窍之谈，河伯海若的对话，黄帝广成的论道，虽均奇诡有趣，然而严格说来，究竟不是神话材料。但是今本《庄子》已非本来面目，据陆德明《庄子释文》序，原来《庄子》杂篇内的文章多似《山海经》，或类占梦书。因其驳杂，不为后人重视，故而今已佚亡。杂篇内文章，许多学者咸认为后人伪作，或者信然，可是陆德明既说多似《山海经》，则此等已亡之《庄子杂篇》大概含有极丰富的神话材料。就中国哲学史言，《庄子杂篇》的大部佚亡，原不足惜，而就中国神话言，不能不说是一大损失了。

同例的反者，则为《列子》这部书。《列子》虽称列御寇撰，亦既证明为伪书。此书在中国哲学史上，虽无多大价值，而在中国神话学上，却是很可宝贵。中国神话的重要材料，如女娲补天，共工头触不周山而折天柱，夸父逐日，龙伯大人之国等等，都赖《列子》而保存到我们手里。

《淮南子》中所含神话的断片尤多。有女娲补天的神话，有羿射十日的神话，有日月风云的神话，有姮娥奔月的神话；而据《白帖》所引《淮南子》逸文，则乌鹊填河的牛女神话，亦出于《淮南子》了。

《楚辞》是研究中国神话时最重要的书籍，其中屈原作之《离骚》与《天问》包含许多神话材料，恐怕《淮南子》《列子》等书内的神话材料有些是原自《楚辞》。关于日神月神的神话，在《离骚》与《天问》中均可看见。《离骚》尚不过是引用一些神话材料，《天问》则几乎全部是中国的神话与传说，可惜只是些“问语”，不是原原本本的叙述。《九歌》大概是古代南方民族祭神时的颂歌，也是可宝贵的神话材料，并且使我们知道中国神话里也有像希腊神话的 Nymph 一类的水泉女神。《招魂》一篇，大概是屈原取当时流行的巫词（人死招魂时用）而加以修改者；这里面述四方的险恶与上天下界的境况，都是难得的神话材料。中国民族在原始时代对于死后的见解，关于幽冥世界的神话，只有《招魂》里还保存了一二。

《三五历纪》与《述异记》内都保存着创造宇宙的神话；《风

俗通》有造人的神话；《穆天子传》有西王母的神话和周穆王的传说；《吴越春秋》《越绝书》《蜀王本纪》《华阳国志》等，则保存了许多古代传说。虽然这些书时代较后，但他们的价值也不可忽视。

最后，我们要晓得那部奇怪的《山海经》。

《山海经》这部书，旧题伯益撰，学者皆以为伪托；然而此书甚古，则可征信。按《吕氏春秋》云："禹东至榑木之地，日出九津，青羌之野，攒木之所，椿天之山，……黑齿之国，……羽人裸民之处，不死之乡，……奇肱一臂三面之乡，……"这分明是《山海经》的节要，似乎战国已有此书。《史记·大宛列传》："太史公曰：至《禹本纪》《山海经》所有怪物，余不敢言之。"《吴越春秋》云："（禹）巡行四渎，与益夔共谋，行到名山大泽，召其神而问之：山川脉理金玉所有，鸟兽昆虫之类，及八方之民俗，殊国异域土地里数。使益疏而记之，名曰《山海经》。"而王充《论衡·别通》篇亦云："禹主治水，益主记异物，海外山表，无远不至，以所闻见，作《山海经》。"据此则汉初传此书为伯益作。《论衡·别通》又云："董仲舒睹重常之鸟，刘子政晓贰负之尸，皆见《山海经》。"刘歆《上山海经表》，则谓为东方朔与刘子政，郭璞《山海经序》因之。据此可见汉人殆视《山海经》为"枕中秘"了。

汉以后，怀疑《山海经》者渐多。陈振孙《书目》云："今本锡山尤袤（延之）校定，……尤跋明其非禹伯翳所作，而以为先秦古书无疑。"王应麟《山海经考证》谓"要为有本于古，秦汉增益之书"。又《王会补传》引朱子之言："《山海经》纪诸异物，飞走之类，多云东向，或云东首，疑本依图画而述之。"提要引此而谓"得其实"，则认《山海经》为注图之文了。朱熹《楚辞辨证》云："古今说《天问》者，皆本此二书（《山海经》与《淮南子》）；今以文意考之，疑此二书本缘《天问》而作。"明胡应麟《少室山房笔丛》云："战国好奇之士，本《穆天子传》之文与事，而侈大博极之，杂傅以《汲冢》《纪年》之异闻，《周书》《王会》之诡物，《离骚》《天问》之遐旨，《南华》《郑圃》之寓言，以成此书。"朱胡之疑，自然太落主观，但是他们俩都看出了《山海经》的材料与《离骚》《天问》《淮南》等原自相同。平情而论，旧说《山海经》为伯益之作，自不可信；而以为全抄《离骚》《天问》等等，亦太抹煞。至自为注图之文，尤为不妥。我们认为《山海经》是周人杂抄神话之作，然因要托名伯益所撰，必须摹仿《禹贡》的体裁，故碎割神话，而并无系统的记载了。这是《山海经》的一大缺点。

综上所述，可见中国神话之系统的记述，是古籍中所没有的；我们只有若干零碎材料，足以表见中国的神话原来也是伟大美丽而已。

（《文学周报》，1928 年 5 月第六卷第十五、十六期合刊）

附录　神话的意义与类别

一　何谓神话

何谓神话①？这个问题，不是一句话就能说清楚的。我们要晓得，凡荒诞无稽，没有作者主名的流行故事，不尽是神话；凡叙述原始人类迷信鬼神的故事，也不一定是神话，我们所谓神话，乃指：

一种流行于上古民间的故事，所叙述者，是超乎人类能力以上的神们的行事，虽然荒唐无稽，但是古代人民互相传述，却信以为真。

---

① "神话"这词，在英文为 Myths；研究神话的科字叫作 Mythology，此字有时亦指神话本身。譬如 Mythology of Greece 即指希腊全部的神话。

这个定义，说简不简，说详不详，当然不能算是很好的定义。但是目下我们只能如此定下。如果我们要求更明了确切的解释，那就不是一个简单的定义所能包括，我们须得把神话与传说和寓言之区别分头疏解一下了。

　　传说（Legend）也常被混称为神话。实则神话自神话，传说自传说，二者绝非一物，神话所叙述者是神或半神的超人所行之事；传说所叙述者，则为一民族的古代英雄（往往即为此一民族的祖先或最古的帝王）所行的事。原始人对于自然现象如风雷昼暝之类，又惊异，又畏惧，以为冥冥之中必有人（神）为之主宰，于是就造作一段故事（神话）以为解释；所以其性质颇像宗教纪载。但传说则不然，传说内的民族英雄，自然也是编造出来的，同神话里的神一样，可是在原始人的眼中，这些英雄是他们的祖宗，或开国帝皇，而不是主宰自然现象的神。所以传说的性质颇像史传。这便是神话与传说的区别。然因二者同是记载超乎人类能力的奇迹的，而又同被原始人认为实有其事的，故通常也把传说并入神话里，混称神话。

　　至于神话和寓言的区别却更显而易见。上面说过，神话是没有作者主名的，而且被原始人——就是创造并传述这些故事的人，认为真有其事的；寓言则正相反：寓言有作者的名字；而且明言其中的人物和事情都是假托的。神话并不含有道德的教训的目的，寓言却以劝诫教训为主要目的。神话不是某某个人著作的，寓言大都出于著作家之理想。神话所叙述者，大都为天地如何开辟，万物如何来源，寓言却叙述一民族历史上的任何时期。伊索的寓言（虽然伊索这个人是否真有，现在还是一个问题），以纪元前六世纪后半期的希腊社会为背景；菲特洛斯（Phaedrus）和虎拉司（Horace）的寓言以罗马帝的奥古斯丁（Augustan）时代的人生为背景；拉风歹纳（La Fontaine）的寓言以十七世纪的法国社会为背景：这都是显明的例。并且无论谁读了这些寓言作家的作品，都知道他们是为了教训讽谏而作的。所以寓言和神话是决不会混淆的。

二　解释的神话与唯美的神话

既然说明了神话是什么，我们第二步便要讲到神话的分类。

神话学家依据神话所以成立的原因，把神话分为二类：一是解释的神话；又一是唯美的神话。

解释的神话出于原始人对于自然现象之惊异。原始人看见自然界的种种现象，如日月之运行，风霜雨雪之有时而降，以及动物之生死等等，都觉得很诧异。世界从哪里来的？万物从哪里来的？第一个人是怎样生出来的？一切动物是怎样来的？火是怎样来的？死是为何？人死后怎样？这些问题，都是原始人所最惊异而切求解答的。我们现在自然有科学来回答这些问题，但是原始人没有科学，却只能创造出一个故事来解释宇宙间的神秘和万物的历史。在他们——原始人看来，月亮不是一个已死的星球，乃是那美丽的女猎人阿底米斯（Artemis）在太空巡游；云不是水蒸气，乃是赫米斯（Hermes，夏风之神）所牧的一群母牛，或是勃莱罗芬（Bellerophon，日神）所杀的一群长毛的绵羊。上古的希腊人相信火是巨人铁丹（Titans）族的儿子伯罗米修士（Prometheus）

从天上偷来给下界的人类的；人类是伯罗米修士用粘土捏成的，北欧神话说天父奥定（Odin）用木片造成了人。纽锡兰神话说铁吉（Tiki）用红泥掺和自己的血造成了人。中国古书里说："俗说天地初开辟，未有人民；女娲抟黄土为人；剧务，力不暇给，乃引绳缒泥中，举以为人。故富贵贤知者，黄土人也；贫贱凡庸者，引缒人也。"（《太平御览》七十八，引《风俗通》）凡此关于日、月、云种种自然现象的神话，关于火的来源，人类的来源等等神话，都是原始人为要解说自然界的神秘和万物的来历而作的；所以我们称之曰：解释的神话。

唯美的神话则起源于人人皆有的求娱乐的心理，为挽救实际生活的单调枯燥而作的。这些神话所叙述的故事多半不能真有，然而全很奇诡有趣。这些神话所描写的人物及其行事，和我们的日常经验都隔得很远；但是他们却那样地入情入理，使闻者不禁忽笑忽啼，万分动情；他们所含的情感又是那样的普遍，真挚，丰富，以至不论何处的人，不论男女老幼，听了都很愉快，很感动。总而言之，唯美的神话先将我们带开尘嚣倥偬的世界，然后展示一个幻境；在这幻境里，人物之存在，只有一个目的，就是娱乐我们，而他们之所以能给予愉快，就靠了他们的"美"。

唯美的神话又可依其题材之不同而分为"历史的"与"传奇的"二类。

如果是历史的（hisorical），那一定是把一件历史事实作为底本或骨架，然后披上了想象的衣服，吹入了热烈的情绪。这些神话大都悲壮雄奇哀艳，可以使人歌哭，可以激发人的志气，这些神话里的神或民族英雄大都是努力和冥冥中不可抗的力——运命，相争斗，而终于受运命的支配而不能自脱，故又常常使人低徊咏叹，悠然深思。希腊诗人荷马（Homer）的《伊利亚特》（Iliad）便是此类"历史的"神话的最好代表。

传奇的（romantic）神话则和历史的神话相反。如果说历史的神话是把一桩史事作骨架，那么，传奇的神话便是拿一个"人物"作为骨架。这个人物大概是真的，有根据的；不过此人物所做的一切事却大半是子虚乌有，乃是作者凭空创造出来的。这种神话大都诙谐、奇诡、美妙，引人幻想，使人愉快。这些神话里的英雄常常能克胜艰难，化险为夷；是战胜运命而非为运命支配的。荷马的《奥特赛》（Odyssey）就是一个最好的例。

历史的神话近乎戏曲中的悲剧，传奇的神话便近乎喜剧。

三 合理的与不合理的神话

各民族——文明的和野蛮的——神话内，总混合着两种相反的质素：合理的（reasonable）和不合理的（unreasonable），譬如希腊神话里说宙斯高踞奥伦碧山巅的神府中，有极大的权力，是众神之王，世间万事，都瞒不了他；掌万物生杀之权，作恶者要受到他的惩罚，为善者会受到他的福佑：这便是合理的。但是希腊神话里又说宙斯变化为雄羊以诱奸卡莱斯（稼穑女神）；又说他变化为鹅去诱惑夜之女神腊土娜，因而生了两个孩子；又说他也爱人类的女儿，他曾变化为白水牛抢了腓尼基王阿其拿的女儿欧罗巴来，逼为外妇；他又化为金雨和幽居铜塔中的亚古斯王的女儿达娜私通；他是众神之王，威权无上，但是极

165

怕老婆，以至不能保护他的情人卡刹斯托、伊哇等，这些便都是不合理的神话了。

我们再看印度的神话，也同样地混合着合理的与不合理的原素。例如说雷神音达拉是胜利之神，威力极大，又是财富之神，常常济贫扶弱，这是合理的。因为我们觉得雷神应该是一个有威力而且正直的神。但是印度神话又说，同是这个音达拉会喝醉了酒调戏民间妇女，会投生牛胎，会变成雄羊与鸨，受尽肉体的痛苦：这便叫我们难以索解，觉得是不合理的了。

中国的神话，比较地要算合理的原素最多了，但是不合理的原素仍旧存在着。就拿女娲来作例。说女娲是炼五色石来补天的，是创造人类的，是发明笙的，都很合理；可是又说女娲乃女首蛇身，便很不类不伦，是不合理的。因为女娲既能补天，造人，发明笙簧，可知是一位具有极大权力的神，若说她是三头六臂，倒还近情，但是说她"女首蛇身"，岂非极不合理？

又如现代的未开化民族，如南美的，非洲的，澳洲的部落，都有关于火的来源，弓箭的发明，以及其他的简单的生活技术之所以发明的神话。当他们说这些事是什么神或民族英雄做的，我们觉得很合理；但是他们又说发明火或婚姻的是一只野兔或一只乌鸦，一只狗，一头熊，或是一个蜘蛛，那么，我们就不免诧异——这就是不合理的神话了。

总而言之，各民族的神话里都有合理的与不合理的原素混合并存，乃是确定的事实。为什么神话内既有了美妙伟大的思想，又有那些没意思的野蛮的思想呢？这是一个耐人解释的问题。或以为没意思的野蛮的思想乃是各民族神话的本来面目。而美妙伟大的思想却是后人加进去的；照这个意见，一切神话原来是鄙陋浅薄野蛮的——因为创造神话的时代本来说不到已有文化，但是后来文化渐启，口述的神话被文人采入弦歌戏曲，就经过了多量的修改，淘汰了那些惹厌的质素，加入了美丽高贵的思想，乃成为现在的形式①。所以不合理的原素乃神话的本相，合理的反是伪作。这一说，表面上虽似可通，实则不能成立。因为我们固可假定现代文明民族的神话是经过修改的，然而不能说现代野蛮民族的神话也已经过文人修改；可是现代野蛮民族的神话内却已有不少合理的质素了。即此可知神话是自始就包含着合理的和不合理的质素的。所以我们须得另找解释。自古以来，有许多神话研究者曾经从各方面探讨这个谜，不幸尚无十分完善的答复，直至近年始有安德烈·兰（Andrew Lang）的比较的圆满的解释。诸君要想知道安德烈·兰的解释，请看本刊第一九期拙著《人类学派神话起源的解释》罢。

（《文学周报》，1928 年 6 月第六卷第二十二期）

---

① 希腊悲剧家幼里披底（Euripides）及喜剧家色诺芬（Xenoplon）都明言修改神话使合于"理"；中国神话述西王母之状，始则言"豹尾虎齿，蓬发戴胜"；继则变为好妇人，由非人形渐近于人形，亦见修改之迹。

附录　楚辞与中国神话

今世各民族，无论是已进于文明的，或尚在原始状态的，都有他自己的神话和传说。凡一民族的原始时代的生活状况、宇宙观、伦理思想、宗教思想，以及最早的历史，都混合地离奇地表现在这个民族的神话和传说里。原始人民并没有今日文明人的理解力和分析力，并且没有够用的发表思想的工具，但是从他们的浓厚的好奇心出发而来的想象力，却是很丰富的；他们以自己的生活状况、宇宙观、伦理思想、宗教思想等等，作为骨架，而以丰富的想象为衣，就创造了他们的神话和传说。故就文学的立点而言，神话实在即是原始人民的文学。迨及渐进于文明，一民族的神话即成为一民族的文学的源泉：此在世界各文明民族，大抵皆然，并没有例外。

在我们中华占国，神话也曾为文学的源泉，从几个天才的手里发展成了新形式的纯文艺作品，而为后人所楷式；这便是数千年来艳称的《楚辞》了。

中国古代的纯文学作品，一是《诗经》，一是《楚辞》。论著作的年代，《诗经》在前，《楚辞》较后（虽然《楚辞》中如《九歌》之类，其创造时代当亦甚古），论其性质，则《诗经》可说是中国北部的民间诗歌的总集，而《楚辞》则为中国南方文学的总集。我们应承认，当周秦之交，中国北部人民的思想习惯还是和南中国人民的思想与习惯，迥不相同。在学术方面，既已把北中国与南中国的不同面目充分地表现出来，在文学方面当亦若是。故以《诗经》代表中国古代的北方文学，以《楚辞》代表中国古代的南方文学，不是没有理由的。但因历来文人都中了"尊孔"的毒，以《诗经》乃孔子所删定，特别地看重它，认为文学的始祖，硬派一切时代较后的文学作品都是"出于诗"，所以把源流各别的《楚辞》也算是受了《诗经》的影响；刘彦和说："楚之骚文，矩式周人"（《文心雕龙·通变》)，顾炎武说："三百篇"之不能不降而为《楚辞》(《日知录》)，都是代表此种《诗经》一尊的观念。把《楚辞》和《诗经》混牵在--处，仅以时代先后断定他们的"血统关系"，结果必致抹煞了《楚辞》的真面目。我们承认《楚辞》不是凭空生出来的，自有它的来源；但是其来源却非北方文学的《诗经》，而是中国的神话。我们认清了这一点，然后不至于将《九歌》解释为屈原思君之词与自况之作，然后不至于将《天问》解释为愤懑错乱之言了。

何以中国神话独成为中国南方文学的源泉呢？依我看来，可有两种解释：一是北中国并没产生伟大美丽的神话；二是北方人太过"崇实"，对于神话不感浓厚的兴味，故一入历史时期，原始信仰失坠以后，神话亦即销歇，而性质迥异的南方人，则保存古来的神话，直至战国而成为文学的源泉。只看现在我们所有的包含神话材料最丰富的古籍，都是南方人的著作，便可恍然。

既然承认了《楚辞》与中国神话的关系，则对于《楚辞》中各篇的性质及聚讼纷纭的作者主名，都应有新的解释了。请略述于下。

为读者便利起见，先释"楚辞"一名。

《汉书》"朱买臣传"："会邑子严助贵幸，荐买臣，召见说《春秋》，言《楚辞》，帝甚悦之。"又"王褒传"云："宣帝时，修武帝故事，讲论六艺群书，博尽奇异之好。征能为《楚辞》九江被公，召见诵读。"据此则西汉武宣之时，《楚辞》已为通学。刘向校书，集屈原、宋玉、东方朔、庄忌、淮南小山、王褒诸人的辞赋，又加入自己拟《九章》而作的《九叹》，都为一集，名之曰《楚辞》。今刘向原书失传，仅有王逸章句本及朱熹集注本。王逸章句本虽明言据刘向所定，然亦未必可靠，恐其中尚多窜乱增订。

《隋书·经籍志》谓：因屈原为楚人，故称之曰《楚辞》；宋黄伯思谓"屈宋诸《骚》皆书楚语，作楚声，纪楚地，名楚物，故可谓之《楚辞》……"此种解释，固然不错，但是未免幼稚了些。淮南王刘安说："《国风》好色而不淫，《小雅》怨诽而不乱；若《离骚》者，可谓兼之。"这样解释《楚辞》，又嫌它太抽象了些。我们可说：《楚辞》是南方的"文人的纯文学作品"（北方的《诗经》大部是民众的纯文学作品），应用民间流传的神话传说，以抒情咏怀（故虽为文人的文学作品，而能直诉于民众的情绪，激起深切的共鸣），美丽、缠绵、梦幻，是它的特色。《楚辞》在当时是一种新的文艺作品，所以引起后代文人的摹拟。班固说："始楚贤臣屈原，被谗放流，作《离骚》诸赋，以自伤悼。后有宋玉、唐勒之属，慕而述之，皆以显名。汉兴，高祖王兄子濞于吴，招致天下娱游子弟。枚乘、严夫子之徒，兴于文景之际，而淮南王安都寿春，招宾客著书，有严助、朱买臣，贵显汉朝，故世传楚辞。"即此可见在汉代摹拟此"新体"之盛。今所传后人摹拟《九章》而作的以"九"名篇的作品，实至繁夥，但皆"莫追屈宋逸步"；此非后人之才不及，亦因屈原是直接取材于当时传诵的神话传说，而后人则转乞灵于屈宋之作，故而情文遂远不逮了。

次言《楚辞》的内容。

据王逸章句本，共录作品十七篇；即《离骚经》《九歌》《天问》《九章》《远游》《卜居》《渔父》《九辩》《招魂》《大招》《惜誓》《招隐士》《七谏》《哀时命》《九怀》《九叹》《九思》等。自《离骚》以至《渔父》，旧以为皆屈原作，《九辩》与《招魂》，旧以为皆宋玉作。《大招》或谓景差作，或谓屈原作。《惜誓》无主名，或谓贾谊作。《招隐士》以下，则皆有作者主名。

上列诸作，今所争论不决者，厥为屈宋名下之作，除《离骚经》为众所共认的屈原作品，其余诸篇，咸有异义；今先述众说，次附己见。

《九歌》：王逸《楚辞章句》内说："《九歌》者，屈原之所作也。昔楚国南郢之邑，沅湘之间，其俗信鬼而好祠，其祠必作歌乐鼓舞以乐诸神。屈原放逐，窜伏其域，怀忧苦毒，愁思沸郁，出见俗人祭祀之礼，歌舞之乐，其词鄙陋，因为作《九歌》。"则《九歌》乃系屈原就旧有祀神歌改削润色，所以朱熹竟说是"原既放逐，见而感之，故颇为更定其词，去其泰甚。"但王逸又云："上陈事神之敬，下见己之冤结，托之以讽谏。"朱子亦以为寓有讽谏之意，遂至数千年来释《九歌》者皆以《九歌》中之香草美人灵鬼山神为暗指怀王以及群小众彦了。其实《九歌》乃沅湘民间流行的颂歌，是神话材料的一部分；不过屈原或曾修改其词句，并始为写定罢了。胡适之先生谓《九歌》是最古的南方民族文学，是当时湘江民族的宗教舞歌（《读〈楚辞〉》）。赞成此说者甚多。证以《离骚》中两言《九歌》（启《九辩》与《九歌》兮；又，奏《九歌》而舞《韶》兮），可信胡说之可成立。但屈原曾加修改而成今本，则亦可信；因为先民神话之传至现代者，大抵经过这个阶段的。我们不妨断定《九歌》是古代南中国的宗教舞歌，每歌颂一神，含有丰富的神话材料，经屈原写定而成今形；其中函义，皆属神话，无关于君臣讽谏或自诉冤结。

《天问》：《史记·屈贾传赞》云："太史公曰：余读《离骚》《天问》《招魂》《哀郢》，悲其志。"王逸《章句》云："《天问》者，屈原之所作也……屈原放逐，忧心愁悴，徬徨山泽，经历陵陆，嗟号旻昊，仰天叹息。见楚有先王之庙，及公卿祠堂，图画天地山川神灵琦玮僑佹，及古圣贤怪物行事；周流罢倦，休息其下，仰见图画，因书其壁，呵而问之，以渫愤懑，舒泻愁思。楚人哀惜屈原，因共论述，故其文义不次序云尔。"据此则《天问》乃屈原书壁杂句，而死后由哀惜屈原之楚人为哀集成篇者。王船山谓"统一篇而系之以'曰'，则原所自撰成章可知"。（《楚辞通释》）

其实即非原所自撰"成章"，又何尝不可以统一篇而系之以"曰"？我们知道当神话尚在民众间流行之时，先王之庙，以及公卿祠堂的墙壁上，绘些神话与传说的故事画，原自平常之至，屈原对于神话和传说，本有甚丰富的知识，而平日对于神话传说中之荒诞不合理的部分，亦早怀疑，则当穷愁无聊之日，对景感怀，发了许多问题，亦自情理中事。故王说尚可信。惟谓原书于壁，而后人哀集，则近穿凿。因为屈原的时代，书写的工具尚未精良，"书壁"似乎是很费事的。至谓《天问》乃屈原有意创作，中含他的宇宙观与人生观，乃因愤懑之余，语无伦次，则未免太臆断了。我们可认《天问》是屈原所作（因为包含如此多的神话材料，似乎非他不办），但只是他在闲暇时所写的杂感——对于神话传说中不合理质素之感想，和他的身世穷愁无关。

《九章》：王逸谓"《九章》者，屈原之所作也。屈原放于江南之野，思君念国，忧心罔极，故复作《九章》。"朱熹说"屈原既放，思君念国，随事感触，辄形于声；后人辑之，得其九章，合为一卷，非必出于一时之言也"。朱说较王说为妥。《史记·屈贾传》中曾说"乃作《怀沙》之赋"，又《赞》中亦举《哀郢》；《怀沙》与《哀郢》乃《九章》中二篇，然太史公不言"九章"；又《汉书·扬雄传》云："又旁《惜诵》以下至《怀沙》一卷，名曰畔牢愁。"亦不言"九章"。据此可知西汉末尚无《九章》之名，亦即可以反证"九章"一名乃后人所题。至《九章》各篇非一时之作，则从《九章》各篇的内容亦可考见。

《远游》《卜居》《渔父》：这三篇恐怕都不是屈原作的。《远游》一篇，据王逸云是屈原之作；然篇中甚多已见于《离骚经》

之句，又言及韩众，又多黄老之言，启人疑窦之处，不一而足。但是文章神韵极似屈原其他诸作，思想上亦差得不远，似又未可一笔抹煞。大概此篇即使是屈原之作，而已多后人妄增之文了。至于《卜居》《渔父》二篇，首句皆云"屈原既放"，明为他人之词，而风格又绝不类《离骚》《九章》，认为伪作，当无不洽。

《招魂》《大招》：司马迁曾言及《招魂》，然王逸则谓"《招魂》者，宋玉之所作也。招者，召也，以手曰招，以言曰召。魂者，身之精也。宋玉怜哀屈原忠而斥弃，愁懑山泽，魂魄放佚，厥命将落，故作《招魂》，欲以复其精神，延其年寿，外陈四方之恶，内崇楚国之美，以讽谏怀王，冀其觉悟而还之也"。清林云铭以《招魂》为屈原自招，谓"古人以文滑稽，无所不可，且有生而自祭者，则原被放之后，愁苦无可宣泄，借题寄意，亦不慊其为自招也。……玩篇首自叙，篇末乱辞，皆不用'君'字而用'朕'字'吾'字，断非出于他人口吻"。后蒋骥赞助林说，并举《招魂》乱辞中地名加以考据，与《哀郢》《怀沙》所叙经历之地参证；由是《招魂》乃屈原之作，更多一层保证。

《大招》的作者，王逸既说是屈原，又说是景差；朱熹决为景差所作。林云铭断为屈原之作，谓"原自放逐以后，念念不忘怀王，冀其生还楚国，断无客死归葬寂无一言之理。骨肉归于土，魂魄无不之；人臣以君为归，升屋履危，北面而号，自不能已。特谓之'大'，所以别于自招，乃尊君之词也"。是林氏以为《大招》乃屈原所作，以招怀王之魂者。林说自嫌牵强，而属之景差，亦觉未安，故有西汉人伪作之说。按原始社会风俗，人死后以巫招魂，朱熹所谓"古者人死，则使人以其上服，升屋履危，

174

北面而号，曰皋，某复，遂以其衣三招之，乃下以覆尸，此礼所谓复；……盖犹冀其复生也。如是而不生，则不生矣，于是乃行死事"。这就是原始社会招魂的遗制。原始社会里招魂的巫在行使职务时，大概有一套刻板的话语，照例诵读一遍；《大招》或者就是此等巫词的写定本。林云铭以"大"为尊君之词，实为错误。"大"即"广"，盖后人见屈原有《招魂》，而又得古巫词的写本，以为乃"广"《招魂》之意，因名曰"大招"。至于《招魂》一篇，或者竟是屈原所作，惟篇中自"乃下招曰……"起至"乱曰"止，恐即为当时流行之巫词，而屈原依成例取以成篇。《招魂》中所含神话材料甚多，足以窥见中国神话中的世界观及对于上天幽冥的观念。

《九辩》：按《离骚经》云："启《九辩》与《九歌》兮，夏康娱以自纵。"又云："奏《九歌》而舞《韶》兮，聊假日以媮乐。"《天问》云："启棘宾商，《九辩》《九歌》。"似乎《九辩》《九歌》是二种古乐。王船山云："辩，犹遍也，一阕谓之一遍。盖亦效夏启《九辩》之名，绍古体为新裁，可以被之管弦。其同激宕淋澜，异于《风》《雅》，盖楚声也。"据此，则宋玉依古体而制新词，以抒情叙怀，前人以为宋玉代屈原为辞，实有未妥。

以上略述《楚辞》内容之最启纷争者。今再言《楚辞》对于后世文学的影响。

《楚辞》是一种新形式，是中国最早的文人文学，而以美丽缠绵梦幻为特点；《楚辞》出世之时，正为中国文化发展得最快最复杂的时代。因此，《楚辞》自然而然地要在中国文学史上划了一个新纪元。但除此而外，《楚辞》包含中国神话材料之多，也是使它对于后世发生重大影响之一原因。一民族的文学发展，大都经过两个阶段：最初是流传于口头的民间文学——神话传说以及中国的《诗经》，此时的作者都不是操觚之士；其次乃为著于竹帛的文士文学，此时的作者大都为文人，《楚辞》即为中国最早的文人文学。可是初期的文士文学，亦必须以民间文学的神话与传说为源泉，然后这些文士文学有民众的基础，为民众所了解。《楚辞》恰亦适合这个条件。中国文人不但从《楚辞》知道了许多现已衰歇的神话传说，并且从《楚辞》学会了应用民间神话传说的方法，从《楚辞》间接得了许多题材，然后中国的文士文学乃得渐渐建设起来。所以《楚辞》对于后世文学的影响，不但是它的新形式曾引起许多的摹仿者，并且供给了许多材料与方法。就此点而言，《楚辞》也可算是中国的《伊利亚特》和《奥特赛》了。

（《文学周报》第六卷第八期，1928 年 3 月 18 日出版）